前人未踏之

정일선사正日禪師 선어록禪語錄

전인 미답지를 일러주마

정일선사正日禪師 선어록禪語錄

# 전인 미답지를 일러주마
前人 未踏之

**1판 1쇄 펴낸 날** 2014년 1월 1일

**엮음** 정일선사법어집편찬위원회 **발행인** 김재경 **교정·교열** 이유경 **편집디자인** 최정근
**마케팅** 권태형 **인쇄** 보현피앤피

**펴낸곳** 도서출판 비움과소통 서울시 영등포구 영등포동7가 29-126 포레비떼 705호 **전화** (02)2632-8739
**팩스** 0505-115-2068 **이메일** buddhapia5@daum.net **트위터** @kjk5555 **페이스북 ID** 김성우
**홈페이지** http://blog.daum.net/kudoyukjung **출판등록** 2010년 6월 18일 제318-2010-000092호

ⓒ 정일선사법어집편찬위원회, 2014
ISBN : 978-89-97188-47-5 03220

前人 未踏 之

전인 미답지를 일러주마

정일선사正日禪師 선어록禪語錄

정일선사법어집편찬위원회 엮음

비움과소통

南山正日大禪師眞影

극빈자는 이슬 맺힌 갈대숲이 좋다
홀연 한 가닥 시광이 온 대지를 투과하니
만년 전사 부처님 열반이 드러났네

極貧者喜歡帶露的盧葦叢
渾然間一縷始光透過整個大地
萬年前事佛己涅槃

안개비가 내리는구나, 안개비가 내리는구나
마지막 이별을 고하는 슬픔과 같이
전인 미답지가 궁금하느냐?
잔물결 이는 개울로 가서 세수나 하거리

霧雨下着霧雨下着
最後如告別時的傷痛
對前人未踏之他掛念呼
到靜靜地泛着水波的小溪去洙一把臉吧

- 남산정일 대선사 오도송(悟道頌)

# 제 1 장

# 선(禪)

일체 번뇌 없는 자리를 제일 가깝게 표현했다고 하여 일구라고 합니다. 절대적인 경지는 언어를 통해 도저히 가르칠 수가 없습니다. 그래서 진언(眞言)은 불출구(不出口) 입니다. 입 밖으로 나오면 그것은 설명하는 방편, 즉 이구(二句)가 됩니다. 그렇지 않으면 격외(格外)가 됩니다. 격외 소식은 그것이 가장 즉설(卽設)이며, 일구를 바로 가르친 소식입니다.

# 1. 선의 개념과 종류

선(禪)이란 모든 번뇌가 쉬어 일체의 미세망념(微細妄念)도 일어나지 않는 것을 일컫는 말입니다. 또 달리 표현하면 선이란 생사(生死)가 없는 경지를 터득한 용(用)을 말합니다. 즉 상대(相對)에 떨어진 것이 아니라 절대성(絶對性)인 그 자리에서 나오는 용심(用心)이 바로 선입니다. 선은 크게 보아 최상승선·대승선·소승선·외도선이 있습니다.

최상승선(最上乘禪)은 일체 관념이 붙지 않는 절대적인 그 자리를 이르는 것이기 때문에 격외선(格外禪) 또는 교외별전(敎外別傳)이라고 합니다. 또 화두선·공안선·묵조선·일구선·조사선이라고도 합니다.

최상승선, 즉 화두선(話頭禪)은 일체의 헐떡이는 생각을 용납하지 않으며, 화두 자체가 본연(本然) 그대로이기 때문에 본래면목(本來面目)이라고 합니다. 화두를 설명하고자 하면 이미 그르쳐버리는 것이지만, 억지로 비유하여 표현하고자 하면 부처라고 하고 선(禪)이라고 합니다. 그 선(禪)의 자리를 몰라 참구한다고 해서 참선(參禪)이라고 합니다.

요즘 최상승선인 화두도 방편이라고 하는 사람들이 있는데, 화두는 일체의 방편을 초월했다는 뜻이므로 방편이라 함은 전혀 맞지 않는 것입니다. 화두는 돈오돈수문(頓悟頓修門)입니다. 화두만 바로 잡히면 은산철벽(銀山鐵壁)이 되어 전후(前後) 생각이 딱 끊어집니다. 당장 무아·무심이 되는 것입니다. 그 즉시 아상·인상·중생상·수자상이 철두철미하게 끊어지는 것입니다. 그것이 바로 생사(生死)가 없는 것입니다.

또 그것이 추번뇌(麤煩惱)·세번뇌(細煩惱)가 어른대지 않는 순수한 경계입니다. 순수성 100%입니다. 그래서 순수한 살림이라고 합니다. 추번뇌·세번뇌에 일체 끄달리지 않아야 바른 살림살이가 됩니다. 그 전에 살림을 사는 것은 '도깨비 살림'에 불과합니다. 허상 경계에서 일초 동안 육만 삼천 번을 뛰는 거친 번뇌 망상에 의지하여 살림을 하기 때문입니다. 중생들은 자기 마음이 대낮같이 밝아 있는데 안타깝게도 그것을 모르고 낮도깨비 짓을 하며 그 상태에서 항상 모자란 살림을 합니다. 화두관만이 순수한 살림을 할 수 있는 관법입니다. 그렇기 때문에 대승관에 의지해서 점수로 닦아 들어가는 대승보살도 최종적으로는 화두를 통과해야만 합니다.

화두는 바로 자기 본마음 소식입니다. 화두를 통과해야 비로소 자기 자신에 대해 바르게 알고 우주 질서를 지킬 수 있는 궤도에 오르게 됩니다. 그때에야 비로소 부처님 말씀의 뜻을 알아들을 수 있게 됩니다. 그래서 신통력은 부처님 다음 갈 정도로 엄청난 십지(十地)등각보살도 부처님의 말귀를 못 알아듣는다고 되어있습니다.

대승선(大乘禪)은 최상승선과 소승선을 합해서 나가는 것을 말합니다. 대승선은 천태지관법(天台止觀法)입니다. 천태지관은 『원각경』에 나오는 가관(假觀)·공관(空觀)·중도관(中道觀)입니다. 대승선도 생각이 붙지 않습니다. 『원각경』이나 『금강경』을 읽으며 구절마다 '이것이 무슨 뜻인고?' 하면서 그 뜻을 추구해 들어가기 때문에 화두와 닮은꼴이 되는 것입니다.

그러나 일체의 생각이 붙지 않는 경지에 드는 것이 몹시

어려우므로 대승선에서는 생각이 일어나는 것을 약 20% 가량 인정합니다. 즉 80%는 화두와 닮은꼴이고, 20%는 생각이 작용하고 있는 것입니다. 다시 말해 절대성 관이 아니라 상대성 관입니다.

그래서 대승선으로는 견성을 하지 못합니다. 점차로 오래 닦아야만 합니다. 그래서 점수문(漸修門)이라고 합니다. '닦는다는 생각', '부처라는 생각', 즉 불견(佛見)·법견(法見)에 떨어져 있는 것입니다. 그것을 벗어버려야 참 부처가 되는데 그 껍데기를 끝내 못 벗어납니다. 나름대로 글머리를 착실히 쫓아가서는 알음알이를 낼 것이 없다고 하면서도 안에서는 번뇌가 부글부글 끓고 있습니다. 자기 자신도 깜박 속아 넘어가는 관념선을 하고 있는 것입니다. 그렇기 때문에 대승선으로는 생사를 초월할 수가 없습니다. 대승선은 대승 발심(發心)을 해서 보살지(菩薩地)를 거쳐 올라가는 문입니다. 대승 보살도를 닦아가는 것은 전부 대승경전에 의지해서 들어가는 점수문이고 원돈문(圓頓門)입니다.

그렇기 때문에 간경·염불과 참선은 서로가 엄격하게 다릅니다. 그런데 요즘 쓴 책들을 보면 염불이나 참선이나 같은 것이라고 해서 두루뭉술하게 만들어놓았습니다. 그 것은 참으로 화두정에 들어본 일이 없는 사람이 자기 소견에 의지해서 쓴 것입니다.

그런 소견은 부처님 정법을 흐려놓는 '마구니'라고 할 수 있기 때문에 바르게 이치를 드러내어 경책해야 합니다.

위빠사나라고 부르는 소승선(小乘禪)은 집중이나 관찰 등을 통해 관념, 즉 번뇌 망상을 차차로 쉬게 하고 생각을 통일해 들어가는 선법(禪法)입니다. 소승선을 닦으면 책 읽을 때는 책 읽는 것, 그것만 생각하게 합니다. 갈 때는 가는 것만 생각하고, 밥을 먹을 때는 밥 먹는 것만 생각하게 합니다. 자신의 행(行)을 깊이 주시하는 것입니다. 즉 망상 덩어리를 통일해나가는 것입니다. 이렇게 점차로 생각을 통일해 들어가면 주체할 수 없을 정도로 거칠게 뛰던 탁한 번뇌가 차차로 쉬어 조용해지고 맑아집니다.

일체의 관념을 초월한 절대성의 경지에 드는 최상승선과 달리 상대성의 세계를 여의지 못하므로 소승선으로는 견성·성불을 할 수 없습니다. 생각을 통일해 무념무상에 들어간다고 하지만 큰 번뇌, 즉 추번뇌만 항복받았을 뿐 미세한 번뇌는 여전히 움직이기 때문에 생각 작용을 완전히 초월하지 못하는 것입니다. 그러므로 위빠사나 소승선을 기초로 닦아서 대승선이나 최상승선으로 옮겨가야 합니다.

소승선은 마치 냇물과 같고 대승선은 강물과도 같습니다. 수천 개의 냇물과 강줄기가 모두 바다로 흘러가고 있지만 바다 그 자체는 아닙니다. 방향이 언제나 바다를 향하고 있기 때문에 방편상 같다는 얘기를 쓸 수는 있지만 냇물과 강, 그리고 바다는 엄밀히 다른 것입니다. 최상승선은 바다와 같습니다. 일체 만법이 흘러들어오는 그 자리, 본심자리가 바로 최상승의 경지입니다.

단전호흡이나 요가, 기타 명상법 등을 통칭하는 외도선(外道禪)은 나름대로 정신이나 생각을 통일한 면도 가지고 있지만 아집(我執) 때문에 일체의 근본 진리에 절대로 미칠 수가 없습니다. 근래에 들어 두드러지고 있는 세간의 여러 가지 수행법들은 대개 외도선(外道禪)의 범주에 속합니다. 외도선은 사실 선(禪)이라고 할 수가 없습니다. 선(禪)이란 상대성을 초월한 절대성의 진리, 즉 부처님이 깨달으신 진리를 뜻하는 것이기 때문입니다. 외도는 절대적인 진리가 될 수 없으므로 선(禪)이 아닙니다.

최상승, 대승, 소승 등 각각의 선법(禪法)에 따라 차이는 있지만 근본적으로 보아 선(禪)은 관념 작용, 번뇌 망상을 근원적으로 항복받아 일체의 관념을 초월한 절대적인 진리를 드러내는 것입니다. 부처님이 설해놓으신 수행법에 의지하여 진리를 깨닫고 자성불 · 참자아를 찾고 진리에 계합하는 정도(正道)가 선(禪)인 것입니다.

## 2. 일구와 이구


일구(一句)는 부처님이 깨달으신 경지를 곧바로 가리키는 말입니다. 그래서 선(禪)의 경지라고 하고, 최상승선·격외선·화두선·공안선·간화선·묵조선·조사선이라고 합니다.

일체 번뇌 없는 자리를 제일 가깝게 표현했다고 하여 일구라고 합니다. 절대적인 경지는 언어를 통해 도저히 가르칠 수가 없습니다. 그래서 '진언(眞言)은 불출구(不出口)'입니다. 입 밖으로 나오면 그것은 설명하는 방편, 즉 이구(二句)가 됩니다. 그렇지 않으면 격외(格外)가 됩니다. 격외 소식은 그것이 가장 즉설(卽設)이며, 일구를 바로 가르친 소식입니다.

일구를 들이대면 일체 번뇌가 붙지 않기 때문에 사람들이 알아듣지 못하고 어렵다고 하며 몽땅 물러갑니다. 그래서 방편을 쓰는데, 이것을 이구, 여래선(如來禪) 도리라고 합니다. 부처님이 중생들의 근기에 수순(隨順)하여 49년 동안 설법하신 내용은 전부 일구에 계합시키기 위한 방편으로, 이구에 해당합니다.

그런데 중생들은 그 방편에 집착해 부처님의 바른 뜻을 알아듣지 못합니다. 부처님은 달을 보라고 말씀하시는데, 내내 손가락에 매달려 있는 것입니다. 부처님은 이구를 설하시면서 거기에 떨어져 머무르라고 가르치신 것이 아닙니다. 부처님의 49년 설법에 얽매여 있으면 불견(佛見), 법견(法見)을 면할 도리가 없습니다.

부처가 있고 중생이 있다는 견(見)은 상대성 관념에 떨어지는 것으로서 꿈의 세계를 초월하지 못합니다. 그래서 부처가 되겠다고 하는 것은 꿈에 잠긴 중생들이나 하는 소리입니다. 부처님의 49년 설법은 중생들의 그 악몽을 깨워주시는 말씀입니다.

부처님의 49년 설법은 모두 방편이기 때문에 기억력이 좋아서 이것을 종횡자재로 외울지라도 그것은 좋은 망상을 하는 것에 지나지 않습니다. 좋은 망상은 좋은 과보가 닥칩니다. 하지만 내내 인과에 떨어지는 것입니다. 근본 성품의 자리에는 결코 들어갈 수가 없습니다. 그렇기 때문에 부처님께서는 법을 세우시고는 중생들이 거기에 머무르지 못하도록 바로 쳐버리셨습니다. 49년 설법 모두가 '마(魔)의 업'이라고 말씀하신 것은 그 때문입니다. 위산 영우 선사는 『열반경』말씀이 전부 마구니 수작에 지나지 않는다고 하셨습니다. 그것이 부처님의 뜻을 바로 보는 것이고 『열반경』의 뜻을 바로 보는 것입니다.

이렇게 보면 '부처님'이라고 하는 것도 가짜입니다. 일구는 바로 이 가불(假佛)을 전부 때려 부수는 소식입니다. 그래서 『선가귀감』에서 '일구는 불조(佛祖)도 상신실명(喪身失命)하는 소식'이라고 표현한 것입니다. 가짜 부처를 때려 부숴야 진불(眞佛)이 나타납니다. 사람들이 가지고 있는 망상을 다 때려 부숴야 진리가 드러나는 것입니다.

중생들이 부처님이라고 생각하는 경지를 전부 때려 부숴서 가불을 쳐버리고 진불을 나타내는 것을 선문(禪門)에서는 최초구(最初句)라고 합니다. 살불살조(殺佛殺祖)는 최초구입니다. 하지만 최초구를 일러도 반밖에 안 됩니다. 그래서 다시 말후구(末後句)를 일러야 합니다. 이것은 격외 소식이기 때문에 중생들은 알아듣지 못합니다. 일구를 통과해야만 이 도리가 확연히 드러납니다. 이렇게 밝은 가르침을 주신 분은 오직 부처님과 보살님, 조사스님들뿐입니다.

부처님 당시부터 오종가풍(五宗家風)이 벌어지기 전까지는 이구, 즉 방편으로 다루었어도 충분했습니다. 그때만 해도 사람들이 순수해서 그렇게 해도 눈을 뜬 사람이 많았는데, 오종가풍 이후로는 장님이 눈을 떴다고 하면서 억지를 쓰니까 그때부터 일구로 법을 까다롭게 쓰기 시작했습니다. 깨달았다고 하면 일구를 들이대어 거기에 콱 막혀 답을 못하면 다시 공부하라고 되돌려 보냈던 것입니다. 그러므로 일구 다르고 이구 다른 것이 아닙니다. 일구와 이구는 표현은 다르지만 같은 자리를 이르는 것입니다.

일구는 평상심(平常心)입니다. 번뇌 없이 생활하는 도인들의 일용지사(日用之事)는 깨달음 아닌 것이 없습니다. 일상생활이 그대로 평상심입니다. 『금강경』첫머리에도 나오는 여시아문(如是我聞)에서 부좌이좌(敷座而坐)까지가 그대로 평상심 도리입니다. 부처님이 깨달음을 얻으신 후의 일거일동이 전부 일구입니다. 그것이 바로 도(道)입니다. 그것이 바로 도인 스님네가 막 잡아 쓴 선(禪)

입니다. 번뇌가 없는 절대성의 자리에서 나오는 용심(用心)인 것입니다. 그것이 말후구 소식입니다. 최초구로도 나타냅니다.

그래서 선문(禪門)의 도(道)는 '두두(頭頭)가 비로(毘盧)요, 물물(物物)이 화장(華藏)' 입니다. 그렇기 때문에 깨달은 도인의 분상에서는 잡아 쓰면 그대로 도입니다. 큰스님을 시봉하는 이는 어른이 주무시고 일어나면 세숫물을 갖다드리고, 세수가 끝나셨으면 수건을 갖다드립니다. 그 일상생활이 그대로 도입니다. 무슨 대단히 특별한 도가 따로 있는 것이 아닙니다. 이렇게 쉬운데도 중생들이 도를 모르는 것은 번뇌를 가지고 집착을 하기 때문입니다. 『금강경』은 바로 이 도리를 설한 것입니다.

"부처님은 깨달으셔서 번뇌가 없는 자리에서 생활하시는데, 우리 중생들은 언제 부처님과 같이 되겠습니까?"

수보리 존자가 부처님께 여쭈어본 것은 바로 이것이었습니다.

하지만 화두정(話頭定)에 들어야 비로소 부처님이 대답하신 이치가 드러납니다. 대승경전의 알음알이를 붙여 가지고 '이런 것이다, 저런 것이다' 하는 것은 도깨비짓에

지나지 않습니다. 일구에 사무쳐 계합(契合)해야 이런 이
치를 바르게 깨닫게 됩니다.

# 3. 묵조선과 간화선

묵조(默照)란 추번뇌·세번뇌에 일체 끌리지 않는 경지를 묵조라고 합니다. 즉 거친 번뇌와 미세한 번뇌를 모두 항복받아서 그것이 일체 작용을 하지 못하기 때문에 잠잠하므로 묵(默)이라고 하는 것입니다. 거기에서 용(用)이 나오는 것을 조(照)라고 합니다. 그렇기 때문에 말의 뜻을 바로 보는 간화(看話)나 참으로 묵조가 된 경지나 똑같은 것입니다.

하지만 묵조사선(默照死禪)은 이와 다릅니다. 묵조사선은 조금 정진하다가 알았다는 생각을 붙여서 화두가 없어졌다고 하며 귀신굴(鬼神窟)에 떨어져 있는 경계를 일컫는 말로, '죽은 선[死禪]'에 해당합니다.

묵조는 바로 구경각(究竟覺)입니다. 참으로 묵조는 화두에 들지 않고는 묵조가 될 수 없습니다. 그런데 요즘 사람들은 임제종(臨濟宗)의 간화선과 조동종(曹洞宗)의 묵조선이 다르다고 말합니다. 이것은 잘못 알고 있는 것입니다.

조동종에는 화두가 없다고들 합니다. 하지만 그것은 잘못된 생각입니다. 그 증거로 조동종 정맥(正脈)을 이은 박산 무이 선사(1575~1630)가 400여 년 전에 『선경어(禪警語)』에서 화두를 지어 들어가는 과정을 아주 간절하게 말씀해놓으신 것이 지금까지 확연히 전해 내려오고 있습니다(박산 무이 선사가 쓴 『박산경어(博山警語)』 또는 『참선경어』 또는 『선경어』라고 하는 상하 2권 7편의 책이 전해온다. 그 책 가운데 일부가 『법해보벌』(1883), 『선문촬요』(1907)에 수록되었다. 경허 스님이 엮으셨던 『선문촬요』는 1999년 민족사에서 한글 번역본으로 출판되었다. 한글판 『선문촬요』안에도 박산 무이 선사의 『선경어』가 포함되어 있다).

일본 조동종에는 화두가 없습니다. 도은 선사가 중국에서 조동종을 받아들인 이후, 백은 선사 이래 화두가 사라졌습니다. 그것을 중국 정통 조동종에 화두가 없는 것으로 오해해서 전국 강원에서나 선방에서 조동종에 화두가 없다고 알고 있습니다.

오종가풍에 화두가 없는 집안이 없습니다. 수좌(首座)

와 화두는 물론입니다. 족보를 보더라도 오종가풍이 전부한 문중으로 흐르고 있습니다. 즉 혈통이 같이 흐르고 있는 것입니다. 가풍(家風)만 조금씩 다를 뿐입니다. 그래서 임제종에서 인가를 받으면 다섯 종파에서 다 인가를 받는 것이 됩니다. 참으로 묵묵한 경지에 든다면 오종가풍을 다 통과하고 임제가풍의 그 까다로운 법로(法路)도 막힘없이 통과할 수 있습니다.

# 4. 조사선과 여래선

부처님은 팔만 사천 법문을 소승적으로도 말씀하셨고, 대승적으로도 말씀하셨고, 최상승적으로도 말씀하셨습니다. 크게 말하면 3단계로 설법을 하신 것입니다.

격외(格外)의 도리는 방편 밖에 따로 전하셨습니다. 삼처전심(三處傳心)이 그것입니다. 그렇다고 격외가 따로 있고 대승 방편이 따로 있는 것은 아닙니다. 다만 중생들의 격외, 즉 조사선(祖師禪) 도리를 알아듣지 못하므로 방편을 놓아주신 것이 대승 방편, 즉 여래선(如來禪) 도리입니다. 그 둘은 내내 같은 자리를 나타낸 것입니다.

그렇기 때문에 여래선과 조사선은 서로 다른 것이 아닙니다. 요즘 사람들이 이것을 잘못 보고 여래선은 얕다 하고 조사선은 깊다 하는데, 이것은 크게 잘못된 견해입니다. 여래선 도리가 중간 정도에 있는 것도 아니고, 조사선 도리가 최고인 것도 아닙니다. 여래선 역시 절대성인 본성을 가르치는 말입니다. 일구, 즉 조사선 경지를 알아듣지 못하므로 이구, 즉 여래선 도리로 방편을 놓아주신 것입니다. 그래서 '여래선 가운데서 조사선을 쓴다'고 합니다.

부처님의 49년 설법은 모두 격외선, 즉 조사선 경지를 드러내는 방편설입니다. 달을 가리키는 손가락인 것입니다. 정진을 해서 바로 달의 경지에 들어가야 하는데, 중생들은 어리석어서 자꾸 손가락에 가서 매달려 있습니다. 여래선에는 그런 허물이 있을 뿐입니다. 그런 까닭에 여래선과 조사선은 둘이 아닙니다.

"너는 여래선은 봤다마는 조사선은 꿈에도 보지 못했다."

"너는 여래선 경지는 된다마는 조사선 경지는 꿈에도 모른다."

응용하는 면에서 학자를 이렇게 다루는 것을 보고 사람들은 여래선은 낮고 조사선은 깊은 줄 압니다.

그러나 『금강경』에 '공도리'가 따로 있고 『법화경』에 '실상도리'가 따로 있는 것이 아닌 것처럼 여래선 다르고 조사선 다른 것이 아닙니다. 그런데 『금강경』'오가해(五家解)'를 볼 때만, 혹은 줄여서 '삼가해(三家解)' 볼 때만

여래선과 조사선이 둘이 아니라고 보고, 다른 데 가서는
전부 여래선 따로 조사선 따로 봅니다.

조사선은 허공인(虛空印)과 같고 여래선은 수인(水印)
과 같습니다. 허공에다 도장을 찍으면 자취가 없지만 물에
다 도장을 찍으면 조금 어리대는 것 같은 흔적이 남습니
다. 그렇다고 해서 중생들의 생각이 남은 경지를 여래선이
라고 하는 것은 절대 아닙니다. 다만 방편이므로 말의 허
물이 그렇게 붙는다는 뜻입니다.

여래선은 평등지(平等知)가 되고 조사선은 차별지(差
別知)가 됩니다. 일구, 즉 조사선의 체(體)와 용(用)이 있
고 이구, 즉 여래선의 체와 용이 있습니다. 대승경전에 나
타난 모든 말씀은 여래선 도리로서 체와 용을 나타낸 것입
니다. 조사선은 최초구와 말후구로 나타냅니다. 최초구는
체를 나타내고, 말후구는 용을 나타냅니다. 차별지인 말후
구의 낙처(落處)를 바로 봐야 대승경전의 뜻을 바로 보는
것입니다.

부처님 당시로부터 삽삼조사(卅三祖師)에 이르기까지
는 조사선 도리, 즉 격외를 별로 사용하지 않으셨습니다.
제자들이 순수해서 그대로 눈을 떴기 때문에 여래선 도리

그대로 전법을 하셨던 것입니다. 하지만 삽삼조사 이후로 눈먼 학자들이 깨달았다고 주장하고 나섰기 때문에 용(用)을 매우 까다롭게 굴렸습니다. 눈을 열게 하기 위해 이렇게 까다롭게 굴려 쓴 법이 조사선입니다.

그렇기 때문에 삽삼조사를 비롯하여 이전 조사들의 전법게(傳法偈)는 모두 여래선 도리로 되어 있습니다. 여래선이 조사선보다 낮다는 사견(私見)을 붙인다면, 삽삼조사가 오종가풍보다 미달(未達)이라고 보아야 합니다. 하지만 이렇게 보기 시작하면 전체가 맞지 않게 됩니다.

그런데도 『선가귀감』을 보면 백파 스님이 여래선은 근본 뜻이 모자라는 것에 해석을 붙여놓았습니다. 이 해석을 따르다 보면 부처님이 제 이구(二句), 즉 방편에 떨어지라고 가르치신 셈이 되어버립니다. 달을 가리키신 것이 아니라 중간 만큼에 걸터앉은 것이 되어버립니다. 또 삽삼조사에 이르기까지 여래선 도리로 전법을 하며 인가를 한 것이 전부 거짓말이 되어버립니다. 그렇기 때문에 여래선과 조사선이 다르다고 보고, 여래선이 낮다고 보면 전부가 뒤엉키게 됩니다.

그런데 요즘은 또 거꾸로 뒤집어서 여래선이 조사선보

다 높다는 것을 증명하는 연구를 해 책을 펴낸다고 합니다. 실참실구는 전혀 하지 않고 자기 소견에 따라 멋대로 갖다 붙이기 때문에 이런 얘기들이 자꾸 나옵니다.

일반적으로 '아무래도 부처님이 가르치신 여래선이 더 높고, 조사 스님들의 가르침인 조사선은 낮은 것이다', 이렇게 생각할 것입니다. 하지만 이것은 이치로 따져보았을 때 전혀 맞지 않는 말입니다. 조사선은 직설(直說)이고 여래선은 방편설(方便說)이라는 차이가 있을 뿐, 둘이 서로 다른 것도 아니고 어느 하나가 경지가 낮은 것도 아닙니다.

# 5. 인도선과 중국선

　요즘 사람들이 인도선(印度禪) 다르고 중국선(中國禪) 다르다고 합니다. 그런 내용으로 책을 펴내기도 합니다. 하지만 인도선 따로 중국선 따로 있는 것이 아닙니다. 부처님이 깨달으신 경지가 바로 선(禪)입니다. 그 경지를 일구로 바로 들어 보이니 중생들이 이해하지 못하므로 이구로 중생들을 제도하셨습니다.

　깨달은 분상에서는 도가 아닌 것이 없습니다. 일상생활 그대로가 도이고 평상심 그대로가 도입니다. 부처님이 깨달으신 후에 가고, 오고, 앉고, 일어서고, 눕고, 설법하고, 발 씻고 하는 일거일동이 전부 선(禪)의 경지입니다. 그것이 계계승승(繼繼承承) 내려와서 중국에서 도인이 쏟아졌습니다. 깨달아서 마음대로 법을 잡아 쓰는 것인데, 여기에 인도선 다르고 중국선 다르다는 말은 붙을 수가 없습니다.

제
2
장

# 화두(話頭)

최상승의 경지에서는 생사와 열반이 따로 없습니다. 무여열반(無餘
涅槃)은 생사열반이 허공꽃인 것을 깨닫는 것입니다. 있지도 않는 생
사열반법에 얽매여 헛수고한 것을 깨닫는 것, 그 이치를 요달하는
것을 최상승 경지의 열반, 즉 무여열반이라고 합니다.

화두(話頭)는 본심자리를 그대로 드러낸 경지라고 할 수 있지만, 일반적으로 화두라고 하면 옛날 선사 스님들이 던져주신 언구(言句)를 일컫기도 합니다. 시심마(是甚麼), 무(無), 건시궐(乾屎橛), 본래면목(本來面目) 등이 모두 화두입니다.

화두는 말 그대로 불조(佛祖)의 말의 뜻을 바로 보는 것입니다.

그래서 그것을 간화(看話)라고 합니다. 또 공안(公案)이라고도 하는데, 온 우주의 질서를 지킨다는 뜻입니다. 상급기관에서 공문이 내려오면 일체를 똑같이 합니다. 그와 같이 질서를 지킨다는 뜻인데, 화두 타파(打破)가 되어야만 비로소 우주 질서를 지킬 수 있는 분상에 든다는 말입니다.

화두선을 달리 일컫는 말로는 간화선 · 공안선 · 조사선·격외선·일구선 등이 있습니다. 또 묵조선도 화두를 드는 것은 마찬가지이기 때문에 같은 뜻으로 쓰일 수 있습니다.

자기의 본마음을 발견하는 것이 도통(道通)입니다. 여러분의 본바탕 마음은 무아(無我)입니다. '나'라는 망상이 없어서 무아이고, 또 따로 '나'라고 할 것이 없어서 무아입니다. 그래서 그것을 대아(大我)라고 합니다. 여러분의 본마음자리는 온 우주를 다 집어삼키고 있으며 대자유를 누리고 있습니다. 온 우주 자체가 '나'입니다. 그것이 실상(實相)입니다.

하지만 중생들은 다겁생래(多劫生來) 익힌 습관 때문에 이 도리를 알지 못하고 몸뚱이 하나만 뒤집어쓰고 그것이 '나'라고 믿고 삽니다. 번뇌 망상의 가장 으뜸이 바로 이 '나'라는 생각입니다. 전체가 '나'이기 때문에 따로 없는 나를 있다고 하는 것, 이것이 바로 가장 어리석은 망상입니다. 본심 경계에는 '나'라는 번뇌가 없습니다.

'이~ 뭐꼬' 화두 안에 이 모든 도리가 다 들어 있습니다. 제행무상(諸行無常)·제법무아(諸法無我)·열반적정(涅槃寂靜), 불교의 근본 요체라고 할 수 있는 삼법인(三

法印)이 모두 이 알 수 없는 의심 덩어리 안에 다 들어 있습니다. 온 법계가 화두 안에 들어 있는 것입니다. 그렇기 때문에 화두를 타파해야만 그 뜻에 계합할 수 있습니다.

무상하다는 표현은 집착하지 않는다는 뜻입니다. 모든 것이 시시각각으로 변화하는데 어디에 집착을 하시겠습니까? 화두 안에는 이런 무상의 도리가 사무쳐 있습니다. 또한 무아의 도리도 사무쳐 있습니다. 알 수 없는 거기에 '나'라는 망상이 어디에 붙겠습니까? 화두를 들면 무아가 그대로 살아서 드러납니다. 즉 화두를 들면 바로 무아입니다. 여기에서 무아라는 생각을 붙이면 바로 생명을 잃고 죽게 됩니다. 망상이기 때문입니다. 산 것은 알 수 없는 그 자리만이 산 것입니다. 그래서 활구(活句)라고 합니다.

무아이든 무엇이든 어떤 생각도 붙을 수 없는 자리, 알 수 없는 그 자리에는 부처다, 중생이다 하는 것도 붙을 수가 없습니다. 부처다, 중생이다 하면 그것은 이미 상대에 떨어진 것입니다. 알 수 없는 그 자리는 절대성이기 때문에 상대가 붙을 수 없습니다. 그래서 서산 스님이 쓰신『선가귀감』에는 '부처님과 조사 스님이 세상에 출현하신 것이 평지풍파(平地風波)'라고 되어 있습니다. 절대성의 경지에서 보면 부처다, 조사다 하고 내어놓을 것이 없는 것입니다. 이렇게 상대가 모두 끊어진 자리, 이것이 참으로 바른 정(定)입니다.

중생들이 없는 '나를 있다고 믿는 것을 망식(妄識)'이라고 합니다. '망령된 알음알이'라는 뜻입니다. 그것은 바로 '미친 기운'이라고도 할 수 있습니다. 이런 망식을 모두 통합해서 화두로 통일을 해야 합니다. 통일을 한다고 해서 생각을 통일하는 것으로 알아들어서는 안 됩니다.

화두는 생각이 아닙니다. 그 이름이 생각입니다. 그런데 요즘 사람들은 '알 수 없는 의심'을 생각으로 착각합니다. 그래서 내내 생각으로 화두를 짓습니다. 화두는 본심을 바로 나타낸 것이기 때문에 '알 수 없는 의심'은 앞생각, 뒷생각이 딱 끊어진 상태입니다. 그것을 가장 가깝게 표현해 놓은 것이 바로 '의심'인 것입니다. 앞생각, 뒷생각이 끊어져서 무념이 되었다는 것입니다.

무념의 상태를 지속하는 것을 '일념'이라고 합니다. 정신이나 생각을 통일하는 일념이 아닙니다. '생각이 붙지 않도록 통일하는 것'이 바로 화두입니다. 그런데 요즘은 '화두 일념'이라는 말을 '생각을 통일하라'는 말로 알아듣습니다. 그래서 염불을 해서 일념을 하는 것과 화두 일념하는 상태를 똑같이 여겨서 설명해놓은 책들도 많습니다. 하지만 같이 '일념'이라고 표현해도 그 상태는 천지현격(天地懸隔)입니다.

또 화두선은 산수문제와 같이 풀어서 의심을 없애는 것이 아닙니다. 화두정에 사무쳐 그 정에서 생활을 할 때 부처님의 뜻이 그대로 통한다는 것입니다. 화두를 타파한다는 것은 그 전에 꽉 막혀 있던 것이 그대로 통해버렸다는 뜻이지, 답을 찾아서 의심이 사라졌다는 뜻이 아닙니다.

그런데 화두 타파를 했을 때 한 공안을 통과해도 다른 공안에 막히는 것은 확연하게 공안을 통과하지 못했기 때문입니다. 확연하게 공안을 통과하면 일체 공안에 막힘이 없이 되는데, 확연치 못하게 통과하면 몇 개의 공안에 막히게 됩니다.

화두 통과를 하지 못하면 자기도 모르는 새에 어디든 집착을 하게 됩니다. 참으로 집착을 여의는 것이 불법이므로, 화두 통과를 해야 참다운 불법이라고 할 수 있습니다. 그 전에는 불법이라고 할 수가 없습니다. 화두 통과는 본래면목을 발견하는 것인데, 거기에 알음알이를 붙여서

'부처라는 견(見)'에 머물러 부처라고 하면 그것은 바로 가짜 부처입니다. 역시 알음알이 법견(法見)을 세워 믿고 있으면 그것은 바로 삿된 법이 됩니다.

어떤 알음알이도 붙지 않는 순수한 화두정에 들기 전에는 경전의 뜻을 뚫어볼 수가 없습니다. 그런데 요즘 사람들은 사견(私見)을 잔뜩 붙여서『금강경』의 '공도리'를 얻었다고 하고,『법화경』의 '실상도리'를 얻었다고 합니다. 이것은 전부 생명이 없는 사구(死句)에 떨어진 것입니다. 생명력 없는 알음알이는 힘이 없습니다. 그래서 마른 지혜, 즉 건혜(乾慧)라고 합니다.『금강경』이든『법화경』이든 건혜에 의지해 들어가서 알았다고 하는 것은 참다운 힘이 되지 못합니다. 그렇기 때문에 참으로 활구, 산 생명의 공부를 해야 합니다. 알 수 없는 의정이라야 참다운 힘이 납니다.

화두정이 무르익으면 참다운 지혜로 부처님의 뜻을 보게 됩니다. 그렇기 때문에 화두정은 정정(正定)으로서 정(定) 가운데에서도 바른 정이 됩니다.

화두정에서 살림이 되어야만 막혔던 것이 바로 통하게 됩니다. 화두를 한다면 행주좌와(行住坐臥) 어묵동정(語

默動靜), 또는 꿈속에서나 깊은 잠에서도 항상 그 정에 있어야 합니다. 그 정 안에서 살림을 하기 때문에 일체의 번뇌가 붙지 못하는 것입니다. 일반 대중의 분상에서는 엄청나게 밀밀(密密)한 것 같지만 부처님 분상에서 보면 드문드문하게 뛰되 항상 자기 본심을 여의지 않는 것이 됩니다.

자기 본마음을 발견하는 것이 도통입니다. 부처님은 깨달으신 이후 일체 번뇌 없는 자리에서 사셨습니다. 그 경지가 바로 평상심(平常心)입니다. 부처님이 깨달으신 후 일거일동 행동한 것이 그대로 선(禪)입니다. 그래서 선시불심(禪是佛心)이라고 합니다. 그런데 『대장경』해석본을 보면 '부처님이 정에서 나와서 설법을 하시고 또 정에 드셨다' 라고 되어 있습니다. 그렇게 들락날락하는 것은 범부선(凡夫禪)밖에 안 됩니다. 깨달으면 항상 정 가운데에서 생활하는 것입니다. 화두만 바로 하면 그 정에 들게 됩니다.

화두정에 들면 일체 만물과 온 우주가 나와 다름이 없는 경지, 나와 둘이 아닌 경지가 됩니다. 일체의 추번뇌·세번뇌가 모두 쉬는 것입니다. 고조사 스님들이 설하신 화두를 들면 이렇게 번뇌가 완전히 쉬어 방하착(方下着)이 됩니다.

제자들이 불법이 무엇인가 궁금해서 자꾸 물어보면 깨달은 도인 스님들은 다 쉬어버리라고 하셨습니다. 방하착의 도리를 가르치신 것입니다. 방하착을 하라고 하셨으므로 그 스님의 뜻을 그대로 받아들이면 됩니다. 조사 스님들이 설한 뜻이 과연 무엇이겠습니까?

'방하착하라!'

놓아버린다는 생각까지도 다 놓아버렸는데 과연 무엇을 방하착하겠습니까? 그 스님의 뜻만 바로 추구해 들어가면 바로 방하착이 되는 것입니다. 그렇게 방하착을 하면 응무소주 이생기심(應無所住而生其心)이 되고, 아상·인상·중생상·수자상이 없어지며, 불견(佛見)·법견(法見)에도 떨어지지 않게 됩니다.

부처님 당시부터 삽삼조사에 이르기까지는 화두를 따로 줄 필요가 없었습니다. 제자들이 스승을 투철히 믿고 따르며 그 뜻을 추구해 들어오고 있었기 때문에 그대로 스승과 제자가 통하고 있었던 것입니다. 스승과 제자 간에 안으로 흐르고 있어서 자기가 화두를 하는 줄도 모르고 공부를 지어 들어가게 만들어 놓았던 것입니다.

그러나 삽삼조사 이후부터는 스승을 믿는 신(信)이 떨어지고, 오종가풍이 벌어지면서 점차로 근기가 하열해져 자꾸 알음알이를 붙이고 들어오기 때문에 바르게 뜻을 집어넣어줄 도리가 없게 되었습니다. 그래서 번뇌를 떨구는 연구를 추구하라고 물건 주듯이 던져주었던 것입니다.

이런 도리를 제대로 모르고는 화두가 이때에야 비로소 생겼다고 착각하기가 쉽습니다. 하지만 화두는 부처님이 깨달으신 경지로서 이때부터 생겼다는 사견을 붙일 수가 없는 것입니다. 그런데 요즘은 사견을 많이 붙이기 때문에 화두를 주고받으면 병통이 생깁니다. 화두를 약하게 만드는 희마(喜魔)가 붙고, 깨달았다는 망상이 붙어서 마침내는 묵조사선에 떨어집니다.

그래서 화두병 10종(種)은 모두가 알음알이 병입니다. 대승경전을 의지해 들어가면 20%의 생각 작용이 있기 때문에 엄동설한에 창문 구멍을 뚫어놓는 것과 같아서 그 생각의 빈틈을 타고 50가지의 마(魔)가 침입하게 됩니다. 하지만 화두를 하는 문중에는 외마(外魔)는 없고 알음알이 병, 깨달았다는 병 10종이 마장(魔障)입니다.

화두를 하는 데는 먼저 소견이 바로 서야 합니다. 화두도 집착이므로 내버려야 한다는 말을 하는 사람들도 있는데, 그것은 화두가 무엇인지 개념도 잘 모르는 소리입니다. 참으로 법이 투철해서 화두까지 다 버리고(제8아뢰야 근본무명까지 완전히 끊어진 무념무심이 되어), 자신을 철두철미하게 믿는 제자에게 옛날 스님들처럼 안으로 흐르게 해서 지도할 수 있는 힘을 갖춘 선지식이 아니라면 그런 말을 해서는 안 됩니다. 화두 학자로 하여금 잘못된 길을 가게 하는 말이기 때문입니다.

다만 언구에 가서 집착하면 안 된다는 말은 할 수 있습니다.

"간화선을 할지니라. 그러나 간화선에 떨어지지 말지니라."

이런 표현을 쓰는데, 이것은 화두를 바로 하라는 뜻으로 언구에 집착하지 말라는 얘기입니다. 언구에 집착하면 죽은 것입니다. 화두는 바로 들면 집착을 할 수가 없습니다. 대승관이든 소승관이든 모두 집착이 붙는데, 화두에는 집착이 붙을 수가 없습니다.

화두를 관해서 깊이 들어가면 번뇌 망상은 아무것도 없습니다.

그림자도 없습니다. 생사열반도 허공꽃입니다. 그런데 소승법에서는 생사를 초월한다고 합니다. 없는 생사를 초월한다고 했으니 아직 온 정신을 찾지 못한 것입니다. 참으로 바르게는 보지 못하는 것입니다. 그것이 소승 아라한의 경지입니다. 불견·법견을 끝내 놓지 못하고 거기에 매달려서 엎어져 있는 것입니다. 그래서 유여열반(有餘涅槃)이라고 합니다.

최상승의 경지에서는 생사와 열반이 따로 없습니다. 무여열반(無餘涅槃)은 생사열반이 허공꽃인 것을 깨닫는 것입니다. 있지도 않는 생사열반법에 얽매여 헛수고한 것을 깨닫는 것, 그 이치를 요달하는 것을 최상승 경지의 열반, 즉 무여열반이라고 합니다.

생사와 열반이 있다고 하는 것은 상대를 인정하는 것입니다. 쉽게 말해 '패를 가르는 것'입니다. 부처패, 중생패를 나누는 것입니다. 이렇게 상대를 나누는 것은 본심 경계가 아니라 식심(識心)의 작용입니다. 그러나 부득이 패를 가르지 않으면, 상대적인 개념과 언어를 사용하지 않으면, 상대성의 세계에 떨어져 사는 중생들을 따라 들어올 수가 없습니다. 그래서 부처패, 중생패가 나오고 생사와

열반이 갈리어 생겨나는 것입니다.

그러나 참선은 이러한 상대를 초월한 경지에 들기를 원하는 것으로, 새벽예불을 할 때면 읽는 축원문에도 그러한 취지가 잘 드러나 있습니다. 축원문에 나오는 '필경 무불급중생(畢竟無佛及衆生)'이라는 말이 바로 그런 의미를 담고 있습니다. 필경에 가서는 부처와 중생이 따로 없는 경지를 깨닫기를 원한다는 말입니다. 그래서 무생법인(無生法忍), 즉 태어남이 없는 법인을 증득하기를 새벽마다 축원합니다. 이러한 경지에 들고자 한다면 화두정을 익혀야 합니다.

염불이나 주력(呪力), 간경(看經) 수행은 모두 이 화두정, 참으로 담담한 경지에 들기 위한 방편으로써 사다리라고 할 수 있습니다. 단번에 초월해 들어갈 수 없으므로 한 걸음 한 걸음씩 착실하게 걸어 올라가는 것입니다. 그러나 어느 정도 힘을 얻으면 그것을 다 버리고 초월하여 뛰어야 합니다. 물론 뛴다는 말도 이미 본심 경계에서는 어긋나는 말이라 허물이 붙습니다. 항상 제자리인데 뛰긴 무엇을 다시 뛴다는 말입니까. 그러나 이미 본심자리인데도 불구하고 그 자리에 드는 것이 그렇게 어렵습니다.

화두를 들라고 하면 '보는 놈'이 있고 '보여지는 놈'이 있는 엉뚱한 관법을 하듯이 말에 가서 걸려 가지고 두 놈이 되어 앉아 있습니다. 그렇게 되면 내내 생각 작용에서 벗어나지를 못하고 소승관법에 떨어지게 됩니다. 화두를 잘못하면 그렇게 되어버리기가 쉽습니다. 화두를 들면 바로 의단(疑斷)이 나타나서 번뇌 망상을 떨구고 가야 하는데, 화두를 든답시고 앉아서 도리어 생각을 붙이고 있는 것입니다. 그래서 화두가 잡히지를 않습니다.

이근원통(耳根圓通) 관세음보살 관법도 마찬가지입니다. 과거세에 관세음보살께서 '듣는 자가 누구인고?' 하여 깨달음을 얻었다고 해서 이근원통법이라고 합니다. 이것도 잘하면 화두선이 되지만 잘못하면 관념선이 되어버립니다. 활구(活句), 사구(死句)는 자기가 만드는 것입니다. 화두는 잘하면 활구선이 되고, 조금 잘못하면 그대로 관념선이 되어버립니다. 하지만 대승관인 천태지관법은 수행인보다는 그 관법 자체에 허점이 있기 때문에 관념을 완전히 초월할 수가 없게 되어 있습니다. 이런 점들을 잘 알아서 공부를 지어나가야 합니다.

『선가귀감』에 이르기를 '본바탕 천진한 마음을 지키는

것이 제일가는 정진'이라고 했는데 이런 것이다. 저런 것이다 하고 알아맞히는 의리선(義理禪) 도리로는 본바탕 마음을 지킬 수가 없습니다. 본바탕 마음을 오히려 오염시키기 알맞습니다. 화두 외에는 본바탕 마음을 지킬 수 있는 방법이 없습니다.

화두 타파지경(打破之境)만이 본바탕 마음을 지키는 것입니다. 그 다음이 화두 은산철벽이 되는 상태이고, 그 다음이 대승관인 천태지관법입니다. 그 다음이 소승법입니다. 외도법은 본심자리에 도저히 들어올 수 없는 잘못된 법입니다. 그래서 부처님은 외도법에 속지 말라고 하셨습니다. 특히 『선가귀감』은 그런 소견을 바로 세워주는 『팔만대장경』의 축소판과 같습니다.

참선을 하다가 『전등록』, 『선문염송』, 『선가귀감』 등의 선서(禪書)를 보면 경계가 예전 경계가 아니라는 것을 스스로 느끼게 됩니다. 그러면 '아는 생각'을 일으켜서 도인이 된 것으로 착각을 하고 배고프면 밥 먹고 곤하면 잠잔다고 합니다. 또 공안에 의심이 없어졌다고 하고 화두도 내버립니다. 그 상태에서 몇 가지 공안을 외워두었다가는 그걸 통과했다고 합니다. 그것이 선이 아닙니다. 사선(死

禪)조차도 못 됩니다. 그런데 빠지면 큰일입니다.

그런 엉뚱한 길로 들어서지 말고 순수하게, 진실하게 화두를 지어가야 합니다. 참으로 진실한 것은 깨달아서 도(道)에 계합이 되어야 진실한 것입니다. 그 전에는 나름대로의 진실이지 참다운 진실은 되지 못합니다. 과연 어떻게 해야 참답게 순수하고 진실할 수 있겠습니까? 화두를 들어야 합니다. 화두가 아니면 순수한 경지에 들어갈 수가 없습니다. 진실과 순수는 말만 다르지 실상은 똑같은 자리입니다. 똑같은 도(道)입니다. 그것이 바로 진리입니다. 중생들의 본래면목입니다.

'이 뭐꼬'는 본래면목을 그대로 드러낸 구(句)입니다. 그래서 '이~' 하면 본심이 나타납니다. 이때 안으로 비추어보면 자신이 본심을 깨닫지 못했다는 것을 알게 됩니다. 그러면 알 수 없는 의심만 뒷받침해주면 됩니다. 그러면 전후 망상이 붙을 수가 없습니다.

안으로 자꾸 비추어보면 자기에 대해 모르는 것이 분명하므로 의심이 따라붙어야 되는데, 도무지 의심이 안 됩니다. 그것은 자기 자신에 대해 아는 체하는 마음이 앞서 있기 때문입니다.

'이 뭐꼬?'

'이~' 하고 생각을 일으키는 그놈이 무엇인지, 그 주인에 대해 회광반조(回光返照) 하라고 일러주건만 그 마음 때문에 무슨 소리인지 알아듣지 못합니다. 제대로 알지도 못하면서 아는 체하는 기운이 발동해서 가라앉지 않고 화두가 잡히지 않으면 스스로 경책을 해야 합니다.

'이것이 옛 스님들이 말씀하신 미친 기운이로구나. 이것을 잘 다스려야겠구나.'

이렇게 다독거려 자꾸 가라앉혀야 합니다. 그냥 놓아두면 선병(禪病)이 되는데, 공부하다가 자기 망상에 팔려서 엉 구렁텅이에 빠진 격인 선병은 치유하기가 참으로 어렵습니다. 그래서 스스로 자꾸 돌이켜보고 채찍질을 해야 합니다.

천 가지 만 가지 망상이 바글거리다가도 '이 뭐꼬' 언구만 바로 지어 들어가면 망상이 탁 무너져버립니다. 일체 망상이 붙지 못하는 것입니다. 일체 공안을 그렇게만 하면 됩니다.

'이~ 뭐꼬' 이렇게 길게 할 것도 없습니다. '이~' 하면 벌써 본심이 드러납니다.

'무자 화두(無字話頭)'도 마찬가지입니다. '무자 화두'를 하는 사람들은 '개에게도 불성이 있습니까?' 하면 '무~' 그러면 됩니다. 조주 스님의 '무'라고 한 의지(意志)를 바로 찾으면 됩니다. 일체의 화두가 그렇습니다. 선사스님이 낸 그 뜻을 바로 찾으라는 것입니다. '뜻'이라고 하니 오해하기 쉬운데, 무엇을 헤아려 짐작하는 그런 뜻을 말하는 것이 아닙니다. 선사 스님의 깨달음의 경지, 즉 일체 번뇌가 붙지 않는 그 경지를 간파해내라는 말입니다.

그런데 어디선가 무자 화두를 무척 길게 해놓은 것을 본 일이 있습니다.

"개에게도 불성이 있습니까? 부처님은 준동함령(蠢動含靈)도 불성이 있고, 개유불성(皆有佛性)이라고 말씀하셨는데 조주 스님은 왜 없다고 했습니까?"

무자 화두를 이렇게 들면 어긋나기가 쉽습니다. 부처님은 있다고 하고, 조주 스님은 없다고 했으니 화두를 한답시고 양쪽을 오가며 달립니다. 있다고 한 쪽으로 달렸다가, 없다고 한 쪽으로 달렸다가 종국에는 중간을 찾는 무(無)가 되기 쉽습니다. 그러므로 애초에 그걸 붙이지 않는 것이 더 낫습니다.

이 대목에서 조심해서 알아야 할 것은 부처님은 방편으로 말씀하셨고, 조주스님은 직설(直說)을 하셨다는 점입니다. 그러므로 본심자리를 그대로 드러낸 조주스님의 뜻을 추구해야 하는데 부처님 말씀을 갖다 붙이면 방편과 직설을 왔다 갔다 하게 됩니다. 그렇게 하면 헛힘만 쓰게 되고 오히려 방해만 됩니다.

부처님의 개유불성이라는 말씀은 방편설입니다. 중생들이 '죽으면 그만'이라고 하면서 자기 본마음은 찾을 생각도 안하니 일체중생에게 불성이라는 것이 있으므로 그것을 찾으라고 방편 삼아 일러주신 말씀인 것입니다. 그러므로 개유불성이라는 말에 끄달려서는 본마음자리를 바로 찾아 들어갈 수가 없습니다. 그와 반대로 조주스님이 무라고 하신 것은 부처님이 깨달으신 소식을 바로 지시(指示)하신 것입니다. 그렇기 때문에 무자 화두를 참구할 때는 짧게 하여 조주 스님의 뜻만 바로 간파해내면 됩니다.

화두를 참구할 때 또 조심할 것은 '낙공 외도(落空外道)', '무기공 외도(無記空外道)'에 떨어지는 것입니다. 어느 불교신문에 보니 화두를 참구할 때 '생각을 일으키기 이전'을 찾으라고 되어 있는데, 그것은 잘못 가르치고 있는 것입니다. 생각을 일으키기 이전에는 아무것도 없습니다. '생각을 일으키는 이 주인'에 대해서 관하라고 했지 아무것도 없는 '생각 이전'을 뒤적거리라는 말을 역대 조사들께서는 하신 적이 없습니다. 없는 구석을 뒤적거리다 보면 '낙공 외도'가 됩니다. 그렇게 해도 나름대로 정력(定力)이 생기기 때문에 힘이 나오고 신통력, 즉 요술이 나타납니다. 그러면 착각을 일으켜서 도통했다고 하면서 인과(因果)도 무시합니다.

'무기공 외도'는 당나귀 꾀가 나서 화두는 들지 않고 고요함만 지키고 앉아 있는 것을 말합니다. 화두를 좀 들다 보면 거친 번뇌가 잠을 자서 편안해집니다. 그 경계에 집착해서 그걸 지키고 앉아 있는 것입니다. 화두가 어느 정도 길이 들면 화두 들기가 매우 힘이 듭니다. 천 근 무게를 드는 것과 같습니다. 그러니까 화두는 들지 않고 꾀가 나서 멍청하게 앉아 있는 것입니다. 이것을 기록(記錄)함이 없다고 하여 무기공 외도라고 합니다. 이것은 마치 개구리나 구렁이가 겨울잠을 자는 것과 같은 정(定)입니다.

또 화두를 하다 보면 전생에 익힌 것이 뛰어나오기도 합니다. 화두는 암만 애써도 안 되니까 힘들기만 할 때 전생에 익힌 것이 떠오르면 그것에 팔려서 세월을 보냅니다. 전생에 일몰관을 한 이는 해가 떡 떠오르기도 하고, 월출관을 익힌 이는 달이 나타나게 됩니다. 아무리 전생에 열심히 익힌 것이라고 해도 그것은 소승관밖에 못 되므로 거기에 탐착하지 말고 방향을 바꾸어야 됩니다. 화두관이 더 월등한 관이므로 일몰관이든 월출관이든 수관이든 무엇이 떠오르든 묵살하고 자꾸 화두만 지어가는 것이 좋습니다.

화두를 잡는 것이 힘이 든다고 해서 방향을 바꾸지 않고 그 경계에 자꾸 머물러 있으면 식(識)이 점차로 맑아집니다. 식이 맑아지면 다른 사람의 생각도 들여다보고 다음날 생길 일을 먼저 알게 되는데, 이런 공부 경계가 났을 때 선지식에게 길을 물어 정법으로 바르게 가지 않으면 귀신굴에 들어가기 딱 좋습니다.

식이 맑다는 것을 비유하면 마치 유리집에 살면서 유리벽을 자꾸 닦는 것과 같습니다. 유리집에 산다면 어떻게 되겠습니까? 부지런히 닦지 않으면 때가 끼고 또 때가 끼고, 또 때가 끼어서 한도 끝도 없이 닦아야 합니다. 하지만 화두 관법은 그 유리집을 깨고 나가는 것과 같은 것입니다. 그러면 무한한 허공 전체가 집이 됩니다. 허공에 어떻게 때가 끼겠습니까?

아무리 해도 화두가 도무지 잡히지 않으면 다른 쉬운 수행법을 방편으로 하는 것도 좋습니다. '신묘장구대다라니'를 하거나 『금강경』을 읽으면 화두를 도와주는 조도품(助道品)이 됩니다. 그러면 화두를 할 때에도 『금강경』의 이치를 떠오르겠지만 그것은 자꾸 내쳐버리고 화두를 분명하게 지어가면 됩니다. '신묘장구대다라니'는 첫 달에는 30독을 하고, 두 번째 달에는 40독, 세 번째 달에는 108독을 하면 됩니다. 그 이상은 하지 말고, 화두가 좀 잡히는 것 같으면 차차로 이런 방편은 떨구어야 합니다. 화두가 잘되면 할 필요가 없습니다. 화두를 잡기 위한 조도품으로 하는 것일 뿐, 이것 자체가 근본 목적은 아니기 때문입니다.

그렇게 방편을 쓰면서 가끔 천도재를 올리는 것도 필요합니다. 조도품으로는 '단전호흡'도 들 수 있습니다. 단전호흡은 참선 중에 기(氣)가 쏠려서 상기(上氣)가 되었을 때, 기를 내리기 위한 방법으로는 매우 좋습니다. 선방에서 수행을 할 때 소화가 안 되어 끄윽끄윽 하는 것도 상기

의 일종인데 자꾸 포행도 하고 몸을 펴는 운동을 가볍게
하면 그런 일이 없습니다. 기가 전부 위로 몰리면 머리가
아프게 됩니다.

자꾸 상기가 되는 것은 화두를 자연스럽게 들지 못하기
때문입니다. 육단(肉團)을 동하고 힘을 써야만 화두가 겨
우 들리는 듯 하니까 자꾸 그렇게 하다가 그런 현상이 나
타나는 것입니다. 이것이 버릇이 되면 나중에는 언제나 그
렇게 해야만 화두가 들리게 됩니다. 나쁜 습관이 드는 것
입니다. 그렇게 화두를 들다가는 머리가 동여맨 것처럼 아
플 수도 있습니다. 자고 일어나서도 머리가 개운하지 않으
면 이런 상기증을 조심해야 합니다. 이렇게 상기가 되었을
때 단전호흡을 하면 참 좋습니다. 기를 자꾸 내려주기 때
문입니다. 전강 스님도 예전에 그렇게 말씀하셨습니다.

그러나 이 얘기를 잘못 받아들여 요즘 사람들은 평상시
에도 그냥 앉아서 단전호흡만 하고 있습니다. 또 화두를
단전호흡과 함께 한다고 하는데, 그것은 화두가 아닙니다.
그냥 단전호흡을 하고 앉아 있는 사람일 뿐입니다. 화두는
머무르는 바가 없기 때문입니다.

단전호흡은 생각이 자꾸 위로 올라가서 머리가 뻐근하

니까 단전에 생각을 두어서 올라간 기운을 자꾸 내리는 것입니다. 상기되었을 때 치유책으로 쓰면 좋은 것입니다. 그리고 나서는 다시 화두를 잡아 챙기면 됩니다. 단전호흡을 하는데 화두가 저절로 들어오는 것은 괜찮지만 그 둘을 함께 한다고 애쓰다가는 자칫하면 두 가지 다 안 되고 소승관으로 떨어지게 됩니다.

선(禪)은 활발발(活潑潑)하게 살아서 힘있게 움직이는 것입니다. 건혜(乾慧)를 가지고 이치를 알았다고 하는 것은 힘이 없기 때문에 선(禪)이라고 할 수 없습니다. 무릇 사람의 몸을 받아 어렵게 부처님의 정법을 만났다면 그야말로 산 생명의 공부를 해야 합니다. 알 수 없는 의정으로 자신을 살리고 남을 살리고 일체중생을 살려내야 합니다.

혼탁한 마강법약(魔强法弱)의 시대일수록 정법을 잘 수호하고 더욱 번성시켜야 합니다. 이럴 때일수록 선지식으로부터 화두를 받아 수행함으로써 순수한 절대성의 경지를 드러내어야 합니다. 그럼으로써 부처님의 법등(法燈)을 참으로 환하고 밝게 켜나가야 합니다. 온 세상을 밝히고 일체중생을 성불의 세계, 참으로 밝은 이치의 세계, 실상의 세계, 생명과 대자유의 세계로 이끌어나가는 것입니다.

제 3 장

정법과 외도

자기 자신을 그르치게 하고 남을 그르치며 부처님 정법의 생명을 끊어 온 우주를 캄캄하게 만드는 일입니다. 일체중생을 깨달음의 길, 진리와 참 사실의 길로 안내해야 하는데 거꾸로 칠흑 같은 어둠의 세계로 몰아넣으며 동타지옥행(同墮地獄行)을 하는 것입니다. 모름지기 그 과보가 태산보다 무겁다는 것을 깨달아야 합니다.

'외도(外道)'라는 말은 부처님 법 이외의 여러 가지 수행법을 일컫는 말입니다. 하지만 불교 수행을 한다고 해도 안으로 쉬어 들어가는 것이 아니라 바깥으로 구하는 마음을 일으켜 삿된 경계에 팔려 있으면 비록 염불을 하고 부처님 경을 읽어도 외도가 되어 앉아 있다고 보아야 옳습니다. 그러므로 외도란 불교 이외의 수행법을 뜻하기도 하지만, 부처님의 법 가운데서도 정법(正法)의 이치에 어긋나는 것을 일컫는 말이기도 합니다.

말법시대가 다가올수록 수행 풍토 역시 혼탁해져 부처님 법이라고 껍데기만 뒤집어썼을 뿐, 그 머릿속에 외도물이 잔뜩 들어 수행을 하는지, 정법을 흐려놓는 마업(魔業)을 지으며 지옥에 갈 표를 미리 예약하고 있는지, 알 수 없는 이들이 무척 많습니다. 그래서 수행에 관한 서적이라고 나온 책들을 보아도 심각한 문제가 많습니다. 부처님의 가르침을 근본부터 어긋나게 가르쳐놓은 책도 있고, 정법을 흐리게 하는 내용, 외도법을 불법인 것처럼 착각하여 포교하는 내용 등을 담은 책도 수북이 쌓여 있습니다.

요즘 외도들이 갈수록 창궐하고 있습니다. 부처님의 정법까지 위태롭게 할 지경입니다. 단전호흡이니 요가니 각종 명상이니 하면서 마치 혹세무민(惑世誣民)하듯이 일반 대중들을 잘못된 수행법으로 이끕니다.

이런 수행법들은 겉으로는 그럴싸해 보여도 절대로 바른 수행이 될 수 없습니다. 무릇 수행이란 참 나를 찾고 실상의 도리를 밝혀 진리에 계합하는 것입니다. 그런데 수행에 대한 잘못된 관념을 붙여서 오히려 진리로부터 더 멀어지기만 한다면 참으로 안타까운 일입니다. 그러므로 수행하는 이들은 정도(正道)가 무엇이고 정법(正法)이 무엇인지, 사도(邪道)는 무엇이며 외도(外道)는 무엇인지 조금이라도 알고 수행을 시작해야 합니다.

언제나 부처님의 법에 대한 정견(正見)을 먼저 확실하게 세우고 그에 의지하여 수행해야 합니다. 외도들이 도에 들지 못하는 것은 그 소견(所見)이 비뚤어졌기 때문입니다. 그렇기 때문에 비뚤어진 견이 바른 견이 되도록 먼저 법을 바로 세워야 합니다. 부처님께서는 일찍이 팔정도(八正道)에 의지하여 수행하라고 말씀하셨습니다. 바로 보려고 노력하고, 바른 말을 하려고 노력하며, 바른 생각을 하려고 노력하는 것입니다. 이 가운데서도 정견(正見)은 참으로 중요합니다.

정견이 없기 때문에 외도가 됩니다. 정견이 참으로 바르게 섰다면 그것은 이미 불법(佛法)입니다. 부처님 당시에도 96종이나 되는 외도들이 있었습니다. 부처님은 이들 외도 무리들을 찾아다니시며 정견을 세워주시고, 참 진리가 무엇인지 일깨워주셨습니다.

그러나 대부분의 외도 무리들은 바른 가르침을 잘 받아들이지 않습니다. 부처님의 가르침을 일러주면 모두 귀를 막고 도망을 가버립니다. 외도 수행을 하면 삿된 신통력(神通力)이 먼저 나오는데, 그 신통력에 집착해서 그것을 버려야 한다는 말을 듣지 않는 것입니다. 또 그 신통력을 보고 자기를 추종하는 세력이 있기 때문에 그 안에서 우두머리 노릇을 하고 싶은 욕심이 앞서서 아무리 바른 가르침을 들려주어도 귀를 틀어막고 못 들은 척 합니다. 그러고는 참된 도가 무엇인지 전혀 모르면서 도를 안다고 하고,

도를 닦는다고 합니다. 전부 부처님 말씀을 빌려다가 그럴 듯한 말을 붙여서 '깨달음'이니 '열반'이니 합니다.

이렇게 아는 체하는 식심(識心)을 모두 내려놓고 관념의 작용을 초월한 참으로 순수한 경지, 상대성을 여읜 절대성의 세계에 들어가는 것이야말로 도(道)입니다. 착각에서 깨어나 전도몽상과 허상을 여의고 실상(實相), 즉 이 세계의 참모습을 보는 것이 도입니다. 실상의 세계 바로 그 자리에 드는 것이 도입니다. 외도들은 자기 본심과 진리에 대해 아는 것이 하나도 없으면서 아는 체 하는 마음, 즉 식심을 근본적으로 여의지 못하기 때문에 결코 도에 들 수 없습니다. 진리에 계합할 수 없으며 스스로 진리가 될 수 없습니다.

외도들은 초월하는 법이 아니라 집착하는 법입니다. 헛꿈에 불과한 바깥세계에 대한 집착, 자신들이 세운 삿된 법에 대한 집착을 놓지 못하고 이중 삼중의 망상 안에서 엉뚱한 도깨비놀음을 하고 있습니다. 그렇기 때문에 외도들은 진리를 깨달을 수가 없습니다. 자기 마음에 대해 사무치게 알 수가 없습니다.

온갖 노력을 기울여 고행을 합네, 수행을 합네 해도 모래를 가지고 밥을 짓는 격이어서 죽을 때까지 도(道)의 근처에도 가보지 못하고 삿된 경계에 팔려 착각과 망상 속에서 괴롭게 헤맵니다. 게다가 죽어서는 그 과보로 한없이 고통 받는 지옥에 빠지게 됩니다. 스스로 미혹하고 다른 사람들을 미혹시켰기 때문에 그 과보가 참으로 무겁습니다. 전부 인과에 걸리는 것입니다.

부처님은 바른 진리를 전하기 위해 49년 동안 맨발로 다니시면서 설법을 하셨습니다. 이런 부처님의 정법을 만나기는 매우 어려운 것이어서 독경을 할 때면 언제나 먼저 외우게 되어 있는 개경게(開經偈)의 첫머리에는 이렇게 표현되어 있습니다.

'무상심심 미묘법 백천만겁 난조우'
無上甚深微妙法 百千萬劫難遭遇

진리를 바로 드러내었기 때문에 더 이상 가는 법이 없어 참으로 미묘한 이 가르침은 백천만겁을 살아도 한 번 만나기가 어렵다는 뜻입니다.

그 다음 대목은 이렇습니다.

'아금문견 득수지 원해여래 진실의'

我今聞見得受持 願解如來眞實意

이렇게 부처님의 가르침을 만나서 보고 듣게 되었으니 부디 부처님이 가르치신 그 진실한 뜻을 깨닫기를 간절히 원한다는 말입니다. 즉 진실도(眞實道)에 들기를 간절히 기원한다는 뜻입니다.

무릇 도를 닦으려면 진실해야 합니다. 뼈에 사무치게 진실하고 간절해야 합니다. 그래야 '여래 진실의(如來眞實意)'를 깨닫고 진실도에 들 수 있습니다. 그래야 삿된 견(見)에 미혹되지 않게 됩니다.

백천만겁에 한 번 만나기 어려운 부처님의 법을 만났으면서도 그것의 귀중함을 모른다면 참으로 안타까운 일입니다. 온 우주가 '나'인 것을 모르고 '몸뚱이만이 나'라는 좁은 관념의 껍데기를 뒤집어쓰고 삿된 경계에 미혹되어 외도의 무리가 되어 앉았다면 불조(佛祖)에게 부끄럽고 자기 자신에게 한없이 부끄러운 일입니다.

자기 자신을 그르치게 하고 남을 그르치며 부처님 정법의 생명을 끊어 온 우주를 캄캄하게 만드는 일입니다. 일체중생을 깨달음의 길, 진리와 참 사실의 길로 안내해야 하는데 거꾸로 칠흑 같은 어둠의 세계로 몰아넣으며 동타지옥행(同墮地獄行)을 하는 것입니다. 모름지기 그 과보가 태산보다 무겁다는 것을 깨달아야 합니다.

조용히 앉아서 가만히 가슴에 손을 얹고 생각해보아야 합니다. 그렇게 받기 어렵다는 사람의 몸을 받아 태어나서, 세세생생 고해(苦海)를 떠도는 중생들을 건져내기 위해 부처님께서 그렇게 간절히 설해놓은 불법을 만났습니다. 얼마나 다행스러운 일입니까? 죽을 사람이 다시 활발하게 살아날 약을 만난 것보다 수천 번이나 더 다행스러운 일입니다. 자기 본마음을 확철히 깨달아 온 우주가 나인 것을 알고 참으로 자유자재하는 실력을 얻는 법을 만난 것입니다. 대지혜와 대자비를 구족하여 일체중생을 근기 따라 제도하여 나와 남이 함께 성불하는 위대한 법을 만난 것입니다.

그러니 어떻게든 바르게 배워서 참으로 순수해져야 할 것이 아닙니까?

'어떻게 해야 순수해지겠는가? 어떻게 해야 진실한 경지에 들어가겠는가?'

이렇게 가슴에 손을 얹고 생각해보아야 합니다.

무엇보다도 자기 자신을 속이지 않아야 합니다. 자기 자신에게 속지 않아야 합니다. 부지런히 수행을 하고 화두를 거각(擧覺)하여 진실하고 순수한 경지에 들기 위해 노력해야 합니다. 마침내 그 자리에 들어 깜깜 밤중처럼 미혹된 세계에서 벗어나야 합니다.

이렇게 불자들 스스로가 정법의 가치를 깨닫고 잘 지켜 수행하여 바른 도에 계합하여야 합니다. 불자들 스스로가 정도(正道)를 닦아 깨달음으로써 모범이 되어 무수한 외도들을 항복받아 함께 진리의 세계에 들어야 합니다. 갈수록 창성해지는 외도에게 참다운 도(道)가 무엇인지 일깨워주어야 합니다.

그럼으로써 지옥에 빠져 들어갈 중생들을 건져내고 잘못된 수행풍토와 오탁악세의 온 세계를 맑게 정화(淨化)하는 것입니다. 혼탁한 말법시대일수록 부처님의 정법은 보석보다 더 가치 있는 것입니다. 부처님의 정법을 잘 지켜서 자신의 참마음을 찾고자 하는 모든 중생들에게 바른 안내를 해줄 수 있어야 합니다.

제
4
장

외
도
와
신
통

부처님의 법을 공부하는 불자라면 모름지기 일체중생에게 이익이 되는 공부를 해야 합니다. 외도굴에 빠지거나 부처님 법을 공부한다면서 삿된 경계에 팔려 미혹되어 있다면 자기를 그르치고 남까지 그르쳐서 중생들에게 이익을 주기는커녕 해만 끼칩니다.

지구상에 사는 사람들은 일초 동안 추번뇌·세번뇌가 육만 삼천 번을 뜁니다. 이렇게 거칠게 일어나는 번뇌를 다스려서 다소 쉽게 하면 여기에서 신통력이 나오게 됩니다. 다시 말해 생각을 묶어서 집중하고 통일하면 묘한 힘이 나오는 것입니다. 이것을 요술(妖術)이라고 합니다. 불교 수행을 할 때 바르지 못한 마음으로 무엇을 잔뜩 바라고 구하는 마음을 일으켜 염불을 하거나 자기 관념을 뒤집어쓰고 망상으로 염불, 기도 등을 할 때 요술 경계가 나타납니다.

　경전을 읽거나 기도, 염불 등을 열심히 하면 점차로 식(識)이 맑아집니다. 그러면 앞일도 내다보고 남의 생각도 들여다보는 능력이 생기는데, 이 능력을 자꾸 써먹게 되면 힘이 소진되어 매(昧)하게 됩니다. 그때 힘을 달라고 구하는 마음을 일으키면 외마(外魔)가 들어옵니다. 잘못하다가는 잡신(雜神)이나 귀신(鬼神)이 들려서 가시밭길을 헤매게 되는 것입니다.

식(識)이 맑아지면 욕심이 적어지는 등의 좋은 점도 있지만 이와 같은 위험성이 있습니다. 따라서 이런 경계를 당했을 때는 선지식에게 반드시 물어가며 한 발짝씩 주의해서 나아가야 합니다. 선(禪)사상에 의지하여 바르게 염불하고 기도해나간다면 이런 경계를 초월할 수 있습니다. 하지만 외도들은 바른 사상이 없기 때문에 이런 경계가 나타났을 때 여기에 탐착하고 머물러 그대로 삿된 구렁텅이에 굴러 떨어지게 됩니다.

요술은 바른 도술(道術)과 큰 차이가 있습니다. 『전등록』이나 여러 가지 선서(禪書)들을 보면 깨달음을 얻은 역대 조사(祖師) 스님들이 가지가지 신통을 나투신 것을 볼 수 있습니다. 부처님도 중생들을 이끌어 들이기 위해 방편으로써 상상을 초월하는 경지의 신통과 능력을 보이신 것이 경전 곳곳에 기록으로 남아 있습니다.

깨달음을 얻으신 부처님과 조사 스님들이 보이신 능력을 도술이라고 합니다. 이것은 생각 작용을 통일함으로써 나타나는 요사스러운 신통인 요술과는 큰 차이가 있습니다. 일체의 번뇌 망상을 완전히 항복받은 경지, 일체의 관념이 붙을 수 없는 본심의 자리에서 자유자재로 법을 잡아쓴 도리이며, 깨달음에서 나오는 묘용(妙用)으로서의 신통이기 때문입니다. 그래서 도술(道術)이라고 합니다. 도를 통한 경지에서 온 우주를 뒤흔들며 법을 마구 잡아 쓰는 깨달음의 작용이라는 뜻입니다. 번뇌 망상을 통일해서 나오는 삿된 힘인 요술과는 천지현격으로 다른 능력입니다.

요술 경계가 먼저 나오면 그것이 오히려 도를 성취하는데 큰 장애가 됩니다. 천상세계의 신(神)들이 도를 닦지 못하는 것은 바로 신통력이 있기 때문입니다. 지구상의 사람들은 오신통(五神通)이 나지 않은 것이 아주 큰 조도품(助道品)입니다.

요즘 세상에는 아주 갑갑한 세 가지 신통이 났는데 모두 거기에 팔려서 공부를 못합니다. 천안통(天眼通)으로 텔레비전이 생겼고, 천이통(天耳通)으로 전화가 생겼습니다. 비행기는 신족통(神足通)에 해당합니다. 이 세 가지 신통 때문에 지구상 사람들의 공부가 잘 안 되는데, 오신통이 다 나면 어떻게 되겠습니까?

귀신들과 사왕천, 도리천 등의 천상세계 사람들은 모두

오신통과 살기 좋은 환경에 놀아나서 공부를 못합니다. 남 섬부주 이 지구상 사람들은 오신통이 안 나 있기 때문에 공부하기가 빠릅니다. 그것이 조도품인 것입니다.

신통이 먼저 나는 삿된 공부를 하다가는 내생에도 그런 통이 먼저 나와서 애를 먹게 됩니다. 신통이 나면 무엇이 든 자기가 원하는 대로 되니까 그 이상은 공부가 안 됩니 다. 천상에 날 복(福)을 가지고도 이 지구상에 태어나서 부처님의 정법을 만나 다시 수행하게 해달라고 원하는 것은 그 때문입니다.

요즘 전 세계의 불자들이 모두 사견에 빠져 요술통을 구하고 있습니다. 지구상의 모든 종교에는 다 신통이 조금씩 있습니다. 그런데 속으면 안 됩니다. 그것은 도(道)에 이익이 없습니다. 이런 삿된 신통에 팔리는 것은 독한 청계천 물에 목욕하려 드는 것과 같습니다. 청계천 물에 목욕을 하면 피부에 온통 부스럼이 나고 야단일 텐데, 어리석어서 모두가 그것을 구하고 있습니다. 외도들이 가지고 있는 삿된 신통은 웬만한 귀신이면 다 가지고 있는 능력입니다. 무당들은 그런 기운이 들어온 것입니다. 불법을 수행하는데 이들도 법당에 있으나 정신은 이미 반 무당이 된 사람들이 있습니다.

최상승 화두선은 일체의 관념을 다 쳐버리고 생각이 붙지 못하게 하기 때문에 외마(外魔)가 들어오지 못합니다. 그러나 생각을 통일해 들어가는 소승선과 생각을 약 20%를 용인하는 대승선은 외마가 붙습니다. 생각의 작용이 남아 있기 때문에 이것이 통일 되었을 때 여기에서 힘이 나오게 됩니다. 이런 힘을 자꾸 써먹게 되면 수행력이 소진

되는데, 이때 힘을 달라고 구하는 기도를 하게 되면 잡신(雜神)이나 귀신(鬼神)이 접해서 외마가 들어오게 됩니다. 그래서 수행이나 기도를 하다가 귀신이 들리고 무당이 되기도 합니다. 외도 수행을 하다가 그렇게 되기도 하고 불교 수행을 하다가도 그렇게 됩니다. 안수기도를 하는 기독교인들도 마찬가지 입니다. 삿된 능력을 많이 써먹을수록 빨리 매(昧) 합니다. 조금 간직한 사람들은 더디게 매합니다.

천상세계에 올라간다고 해도 소견(所見)이 다소 넓어질 뿐이지 완전히 탁 트이지 못합니다. 그래서 여전히 몸뚱이에 집착한 좁은 소견 안에 들어가 있습니다. 비비상처천(非非想處天)도 번뇌 망상을 완전히 여읜 안정권에 들었다고 할 수는 없습니다. 그렇기 때문에 수행을 해서 비비상처천까지 올라가는 실력을 얻었다고 해도 힘을 자꾸 써먹으면 흐려져서 도로 지옥에까지 처박힙니다.

도로 매하지 않는 안정권, 도로 탁해지지 않고 물들지 않는 경지에 가려면 최소한 소승4과(四果) 가운데 첫 번째인 수다원과(須陀洹果)는 증(證)해야 합니다. 외도의 정신을 가지고 염불, 기도 수행을 한 이들에게 요술경계, 즉 삿된 능력이 나타났을 때, 그것을 써먹어서 점차 매(昧)하는 것을 비유하지만 마치 흙탕물이 조금 가라앉았다가 도로 뒤집히는 격입니다.

장마철에 시뻘겋게 뒤집힌 강물을 컵에 담아 흙탕물이 80~90% 정도 가라앉게 한 뒤 살펴보면 윗물은 그런대로 맑습니다. 그 정도 수준으로 거친 번뇌가 가라앉은 것이 소승 수다원과 경지입니다. 그것을 다소 맑아진 윗물만 따라서 다른 컵에 옮긴 다음 또 다시 80%를 가라앉혀 다른 컵에 윗물만 옮긴 것이 사다함과(斯陀含果)입니다. 수다원과보다 맑아진 것입니다. 또 80%를 가라앉힌 뒤에 옮기면 아나함과(阿那含果)가 됩니다. 맨 마지막에 한 번 더 옮긴 것이 아라한과(阿羅漢果)입니다. 마지막 단계에서는 아주 깨끗하고 맑은 물이 됩니다. 그 물을 몇 번씩 흔들어대고 거꾸로 뒤집어도 다시 혼탁해지지 않습니다. 맑은 물만 남아서 더는 오염될 것이 없기 때문입니다.

부처님의 가르침은 이렇게 컵에 든 물을 옮겨서 계속 발전하게 하는 것과 같습니다. 맑은 물을 고스란히 지켜서 다음 단계로 옮겨가는 것입니다. 소승 4과의 성인들은 부처님의 말씀을 잘 들어서 그대로 행합니다. 그렇기 때문에 점점 맑아지고 컵을 거꾸로 뒤집어도 탁해지지 않는 실력을 갖추게 됩니다. 그러나 외도들은 번뇌가 좀 쉬어서 맑아졌다 싶으면 거기에서 나타나는 능력을 바로 써먹습니다. 그러면 컵을 뒤흔드는 것과 같아서 출렁거려 뿌옇게 흐려지고 도로 낮은 경지로 추락하는 것입니다.

부처님의 법을 공부하는 불자라면 모름지기 일체중생에게 이익이 되는 공부를 해야 합니다. 외도굴에 빠지거나 부처님 법을 공부한다면서 삿된 경계에 팔려 미혹되어 있다면 자기를 그르치고 남까지 그르쳐서 중생들에게 이익을 주기는커녕 해만 끼칩니다.

바른 공부를 해나가려면 반드시 선(禪)의 사상에 의지해야 합니다. 꿈에 부처님이 나타나서 예언을 하고 그러는 것들이 모두 귀신 기운인 것을 알고 선의 사상과 화두선으로 이런 경계들을 초월해나가야 합니다. 어떤 경계에도 팔리지 않고 화두만 바르게 들어나가면 곧장 깨달음의 길로 갈 수 있습니다.

# 업과 인과

염불하는 것은 좋으나, 그것은 '좋은 명상에 집착하는 것' 입니다. 염불은 다른 잡동사니 망상을 하느니 좋은 망상을 하는 것입니다. 염불하는 것은 맑은 기운입니다. 인과는 망상 때문에 생겨나는 것이므로 좋은 망상을 하면 좋은 과보를 받게 됩니다. 그래서 염불을 하면 복을 받습니다.

인과(因果)는 모든 것이 원인이 있어서 결과가 나타난다는 법칙으로, 현상계를 초월하지 못한 중생들은 모두가 이 인과법의 세계 속에서 살고 있습니다. 업의 법칙은 망상의 법칙입니다. 이 망상의 법칙은 누가 만들어놓은 것이 아닙니다. 중생들 스스로 지은 업으로 말미암아 일어나는 현상입니다.

이 법칙은 누구도 어길 수가 없습니다. 알든 모르든 이 법칙은 철두철미하게 돌아가고 있어서 누구도 업의 그물망에서 자유롭지 못합니다. 오직 이 망상의 법칙을 깨달은 사람만이 그것을 범하지 않고 초월할 수가 있습니다. 땅에 엎어진 이가 땅을 짚고 다시 일어나듯 인과의 고해(苦海) 속에 세세생생 고통 받으며 헤매는 중생들은 이 도리를 사무쳐 깨달아야 비로소 초탈할 수 있습니다.

이 법칙은 누구도 어길 수 없는 것이어서 빚을 지면 꼭 그만큼 갚아야 하고, 남에게 해로움을 주었으면 반드시 그 대가를 치러야 합니다. 하지만 과보는 꼭 부정적인 방향에서만 나타나는 것이 아닙니다. 선한 일을 하면 선한 과보를 받고, 남에게 이로움을 주면 그만큼 자신에게 이로움이 있는 것도 역시 인과입니다.

세계의 3대 성인 가운데 한 분인 공자님도 인과의 도리는 잘 몰랐습니다. 그래서 부모를 죽인 원수는 갚아야 한다고 가르쳤습니다. 이것은 단생(單生)만 아는 일반 범부의 상식이라고 해야 옳습니다. 그러나 윤회와 인과의 도리를 사무쳐 아는 부처님 법의 세계 안에서는 비록 부모를 죽인 원수라고 할지라도 자비롭게 용서해야 합니다. 먼저 그렇게 자비의 손길을 뻗어주면 뼈에 사무친 원결심(怨結心)이라도 눈 녹듯이 풀리고 오히려 고마움으로 변해 내생에는 서로 좋은 관계로 만날 수 있게 됩니다. 그렇게 함으로써 자신도 이롭고 남도 이로운 삶을 만들어나가는 것입니다. 그러나 수행력이 아니면 이렇게 하기가 어렵습니다.

중생들은 생김새도 자신이 지은 업 그대로 생겨나옵니다. 착한 일을 하면 착하게 생기고, 독한 마음을 자꾸 쓰면

독사눈을 닮아서 나오는 것입니다. 갓 난 고양이의 눈을 보면 처음에는 참 유순하고 맑아서 예쁩니다. 그런데 쥐를 몇 마리만 잡아먹으면 그 눈에 금방 살기가 잔뜩 서려 시퍼런 빛이 감돕니다. 풀만 먹고 사는 소는 성장해도 여전히 눈망울이 땡그란 것이 순해터지게 생겼습니다. 소보다 덩치가 더 큰 코끼리도 마찬가지입니다. 하지만 다른 생명을 잡아먹고 사는 맹수들의 눈에는 언제나 매서운 살기와 독기가 잔뜩 도사리고 있습니다. 이것만 봐도 자기가 행한 대로 생김새가 변화한다는 것을 잘 알 수 있습니다. 그런데도 중생들은 까막눈이 되어서 이 환한 도리를 모르고 삽니다.

얼굴 생김새, 머리카락 구조, 뼈다귀 구조, 소리, 냄새에 이르기까지 중생들의 물질적 형상은 전부 인과의 기록 장부라고 할 수 있습니다. 본마음을 등지고 무수겁(無數劫)을 헤매며 돌아다닌 인과의 내력이 빠짐없이, 낱낱이, 세밀히 기록되어 있기 때문입니다.

일반 대중들도 기본적인 관상 정도는 볼 줄 압니다. 그래서 순해터진 사람을 보면 '순하게 생겼다'고 좋아하고, 독하게 생긴 사람은 '쏘가사리처럼 톡톡 쏘게 생겼다'며

멀리합니다.

부처님 말씀이나 선지식들의 법문을 들으며 마음을 자비롭게 쓰면 자비안(慈悲顔)으로 점차 변해갑니다. 눈매에도 독기가 빠져서 선해집니다. 심지어 골상까지 변화하기도 합니다. 10년이 지나면 강산이 변화한다고 합니다. 그처럼 10년만 열심히 수행을 하고 마음을 바르게 쓰면 상호(相好)가 변화합니다.

수행력을 통해 인과를 초월할 힘을 얻지 못했다면 적어도 악업(惡業)은 짓지 말아야 합니다. 그 과보로 인하여 자신이 무수한 세월 동안 고통을 받을뿐더러 남에게도 해로움을 주기 때문입니다. 중생들이 업의 세계에 끄달려 살면서 업을 지을 수밖에 없다면 그나마 선업(善業)을 지어야 합니다.

깨달음을 얻기 전에는 진실로 착하다는 것이 있을 수 없습니다. 번뇌 망상에 의지한 착함이기 때문에 근본도리로서 선(禪)이라고 할 수 없는 것입니다. 중생들의 번뇌 망상은 모두 악지악견(惡知惡見)입니다. 그러므로 거기에 의지한 중생들의 착함은 '악함 속의 착함'이라고 해야 옳지 참다운 선(禪)은 아닙니다. 선업을 짓는다고 해도 번뇌 망상이라는 '악함 속의 선업'이지 자리리타(自利利他)의 근본 선은 아닌 것입니다. 그렇더라도 부지런히 선업을 지어야 합니다. 그것이 복을 짓는 일입니다.

중생들의 입장에서는 암만 복을 지어도 무루복(無漏福)은 성취할 수 없고 유루복(有漏福)을 짓는 것이지만, 유루복이라도 부지런히 지어놓아야 합니다. 복력(福力)이 없으면 수행도 할 수 없고 남에게 이로움을 주는 사람이 될 수도 없습니다.

착한 일을 하면 그 과보로 복(福)의 기운이 들어옵니다. 악한 일을 하면 화(禍)의 기운이 들어옵니다. 인연을 따라 복과 화를 받게 되는데 복의 기운이 다하면 화의 기운, 즉 악업의 과보가 들이닥칩니다. 복도 호흡과 마찬가지입니다. 안으로 들이쉬는 숨이 많아야지 바깥으로 내쉬는 숨기운이 더 많으면 기(氣)가 다 빠져 탈진됩니다. 집안을 부강하게 만드는 것도 그렇습니다. 지출보다 수입이 많아야 합니다. 짓는 복이 까먹는 복보다 많아야 합니다. 집안 사정도 모른 채 펑펑 써대어 집안을 빚더미에 올려놓은 것처럼 감복(減福)할 짓을 하면 그 과보가 틀림없이 들이닥치게 됩니다.

염불을 하면 좋은 업을 짓는 것이기 때문에 좋은 과보를 받게 됩니다. 입으로만 소리를 내는 것은 '송불(誦佛)'이라고 합니다. 부처님을 생각하며 그 명호를 외우는 것을 '염불(念佛)'이라고 합니다. 그러나 부처님을 뵌 일이 없는데 어떤 분을 부처님이라고 생각하며 염불을 하겠습니까? 그것 역시 망상에 지나지 않습니다. 망상 염불인 셈입니다.

염불하는 것은 좋으나, 그것은 '좋은 명상에 집착하는 것'입니다. 염불은 다른 잡동사니 망상을 하느니 좋은 망상을 하는 것입니다. 염불하는 것은 맑은 기운입니다. 인과는 망상 때문에 생겨나는 것이므로 좋은 망상을 하면 좋은 과보를 받게 됩니다. 그래서 염불을 하면 복을 받습니다.

염불을 하면서 사람들은 누구나 죽으면 극락에 가기를 원하지만, 실제로는 극락도 중생의 업으로 나타난 세계입니다. 중생들은 번뇌 망상에 미쳐 살면서 눈에 보이는 세계를 사실이라고 합니다. 귀신들도 마찬가지입니다. 사람의 눈에는 띄지 않는 껍데기에 집착해서 그것을 몸뚱이라고 뒤집어쓰고는 그것을 사실 세계로 믿고 살아갑니다. 천

상세계도 중생들은 사실이라고 믿지만 그것도 깨달은 분 상에서 보면 허상에 지나지 않습니다.

극락세계는 부처님이 번뇌 망상에 팔린 중생들을 근기에 따라 데려다가 그 세계를 졸업시켜 성불하게 만드는 곳입니다. 그래서 서방정토 극락세계는 화신(化身) 극락입니다. 도깨비가 사는 극락이라는 말입니다. 다른 말로는 화신 국토라고도 하고, 화성(化城)이라고도 합니다.

화신 극락도 업이 녹아야 갈 수 있습니다. 이 지구상에는 번뇌가 일초에 육만 삼천 번을 뛰는 중생들이 모여 살고 있습니다. 그 다음으로 조용하면 사왕천, 도리천, 야마천에 가서 납니다. 번뇌가 쉰 정도에 따라 28천(天)까지 순차적으로 올라가게 됩니다. 극락세계는 그 이상 수행이 되어야 갈 수 있는 세계입니다.

아미타불 한 번만 순수하게 부르면 누구나 극락에 갈 수 있다고 되어 있지만, 문제는 얼마만큼 순수하게 부르느냐 하는 것입니다. 아미타부처님이 극락세계의 문을 활짝 열어놓았지만 아무나 못 갑니다. 또 수행을 해서 업이 녹고 그만큼 순수해진 사람이 극락세계에 가야 그곳이 좋다고 하고 머물러 살지 그렇지 않으면 도로 기어 나옵니다.

옛날에 망월사의 주지 스님이 서울 시내에 내려왔다가 다리 밑에서 깡통을 들고 구걸하는 한 아이를 데려다가 목욕을 시키고 새 옷을 갈아입혔습니다. 그러고는 먹여주고 재워주며 키웠는데, 이삼 일을 겨우 견디더니 깡통을 훔쳐서는 도로 다리 밑으로 달아났습니다. 업이 그렇게 깡통을 찰 업이었기 때문입니다.

이렇듯 극락세계도 억지로 가서는 살지를 못합니다. 극

락세계 아미타부처님이 문을 활짝 열어놓고 누구나 와서 살도록 해놓으셨지만 그렇다고 해서 업이 탁한 무리들이 갈 수는 없습니다. 중생들의 삶이란 좋은 잠자리와 따뜻한 밥을 버리고 추운 겨울에 벌벌 떨면서 다리 밑에서 언 밥을 먹는 거지아이와 같은 것입니다.

염라국도 극락세계와 마찬가지로 모든 중생에게 이익을 주는 교육기관입니다. 그렇기 때문에 순수하게 염라국에 잘 가면 좋은 이익이 있습니다. 임종 후 49일 동안 염라국의 교육을 잘 받으면 업이 녹게 됩니다. 얼마만큼 정성껏 교육을 받았느냐에 따라 업이 녹는 정도는 서로 다릅니다. 업이 녹아야 좋은 세계에 태어날 수 있습니다.

염라국에 가면 업경대(業鏡臺)라는 것이 있어서 거기에 중생들의 업이 낱낱이 드러나게 되어 있습니다. 그래서 염라대왕과 판관에게 문초를 당하게 됩니다. 그러므로 살아 있을 때 악업을 짓지 않도록 조심해야 합니다.

중생들은 모두 자기 업에 따라 극락에도 나고 지옥에도 갑니다.

망상 기운을 가지고 변덕부리기를 좋아하면 귀신 몸을 받아 나게 됩니다. 도둑질을 좋아하면 그것은 냉장고와 같이 자꾸 빨아들이는 기운이라 지옥에 가도 한빙(寒氷)지옥, 즉 얼음지옥에 가게 됩니다. 또 남의 여자를 좋아하고 겁탈하는 무리들은 전부 불지옥에 처박힌다고 되어 있습니다.

지옥도 극락세계와 마찬가지로 업으로 인하여 건설된 세계입니다. 그렇기 때문에 지옥도 자꾸 변천합니다. 중생들의 업이 변화하기 때문입니다. 현대병인 암이나 에이즈 같은 것도 새로운 지옥이 하나 건설된 것으로 보아야 합니다.

사람들의 모공 하나하나도 지옥입니다. 부처님께서는 우주 법계에 일어나는 모든 일들을 환히 보시고 가르쳐주셨습니다. 그래서 부처님께서는 한 방울의 물에도 팔만 사천의 생명체들이 살고 있다고 하셨고, 모공 하나하나에 구억의 생명이 우글거린다고 하셨습니다. 중생들의 눈으로 아무리 봐도 이것이 안 보입니다. 공자님, 예수님 같은 성인의 눈에도 안 보입니다. 모공 하나에 구억 생명체가 사니까 이것이 바로 지옥입니다.

이렇게 지옥을 자기 몸에 수천억 개를 건설해 다니면서도 중생들은 지옥이 없다고 합니다. 물론 본심자리에서 보면 지옥과 천당이 모두 본공(本空)하여 존재하지 않는 것입니다. 현실도 본래공합니다. 하지만 현실이 있다고 보는 중생들의 견해를 방편적으로 인정한다면 극락과 지옥이 있다는 것도 인정해야 합니다. 그런데 번뇌에 팔려 이런 도리를 잘 모르면서 사람들은 현실은 실제로 존재한다고 믿고 지옥과 극락은 없다고 부정합니다.

극락과 지옥이 없다는 것은 본심 경계에서 쓰는 말입니다. 이때는 당연히 현실도 없습니다. 본심 경계에서 극락도 지옥도 없다는 얘기는 참으로 비어서 진공(眞空)이기 때문에 걸림이 없고 끄달리지 않아 구애됨이 없다는 얘기입니다. 즉 생사가 없다는 얘기입니다. 그런 경지를 나타내는 연구로서 '극락과 지옥이 본공하다'는 것입니다.

현실이 있다고 보는 중생들의 입장에서는 지옥이 있고 극락이 있고 천당이 있습니다. 그리하여 각자 자기 업을 따라 그 세계에 가서 나게 됩니다. 그러므로 현실 경계에 끄달려 살면서 지옥이 없다고 하며 마음대로 악업을 퍼짓고 살다가는 나중에 지옥에 끌려가서 심한 고통을 받게 됩니다.

『지장경』을 보면 지옥고의 종류가 세밀히 나옵니다.『지장경』에 나타난 지옥들은 사람이 죽은 뒤 혼이 가서 과보를 받는 세계입니다. 사람들은 집안에서 날마다 칼로 도마를 또닥거려 무수한 생명체를 죽이고, 숨 쉰다고 하여 공기 중에 있는 세균들을 잡아먹고 뱃속에 집어넣어 몸 안의 세균들과 싸움을 시키는 등, 매일 매일 지옥의 무독귀왕, 아수라 역할을 하며 삽니다. 수백 가지 역할을 번갈아 하여 지옥을 만들어내면서 사는 것입니다.

탁한 환경일수록 죄를 많이 짓게 됩니다. 이 지구상의 모든 환경은 죄를 짓지 않고는 살 수 없게 되어 있습니다. 숨만 쉬어도 죄이고, 밥을 먹어도 죄이고, 물만 마셔도 죄입니다. 스님들이 채식만 하면서 살면 죄를 안 지을 것 같지만 마찬가지입니다. 일반인보다 조금이라도 덜 지으려고 애쓸 뿐입니다.

'어차피 죄 안 짓고 살 수 없다면 마음이나 편하게 짓자' 하고 마구 죄를 퍼질러댔다가는 큰일이 납니다. 그렇게 했다가는 구제받을 도리가 없는 큰 지옥에 빠지게 됩니다. 어떻게 하면 죄를 조금이라도 적게 짓고 살 것인지, 어떻게 하면 많은 중생에게 이익을 줄 수 있을 것인지 진실하게 생각하여 실천하도록 노력하며 살아야 합니다.

천상세계로 갈수록 죄를 덜 짓고 살게끔 환경이 조성되어 있습니다. 서방정토 극락세계에 가면 죄를 짓지 않고도 살 수 있습니다. 그런데도 중생들은 극락세계에 갈 생각은 안 하고 찰나찰나 죄만 짓게 되는 이 사바세계에서 번뇌에 놀아나며 전도된 몽상에 빠져 미진수겁(未盡數劫)을 헤매 다닙니다.

또 편안하게 살 수 있는 절집을 버리고 추운 겨울날 깡통을 들고 도로 다리 밑으로 기어들어간 철부지처럼 극락세계는 재미없다고 하면서 업을 퍼짓고 살아야 재미있다고들 합니다. 이것은 중생들이 여러 생애 동안 그런 업을 익혔기 때문입니다. 스스로 부지런히 경책을 하여 이 무거운 업을 녹여 가볍게 해야 합니다. 가벼워진 업도 더 가볍게 녹여나가야 합니다. 그래야만 전도(顚倒)된 망상이 가라앉고 제자리로 돌아와 극락세계에 가서 나겠다는 원(願), 즉 본심을 깨닫겠다는 발심을 하게 됩니다.

자신의 업을 다스리고 녹여 자신의 본마음 고향을 찾아가고자 하는 수행인들은 아무래도 업을 덜 짓게 되는데, 그 가운데에서도 오히려 무겁게 짓기 쉬운 업이 있습니다. 그것은 바로 고행(苦行)이 수행인 줄 알고 몸을 괴롭히는 업입니다. 수행을 한다고 자기 몸을 함부로 쓰고 다루면 그 과보가 어김없이 들이닥칩니다.

업을 모두 초월해 자재하는 힘을 얻었다면 괜찮겠지만, 그렇지 못했을 때에는 자신이 몸을 다룬 대로 인과의 도리에 의해 그 업보가 반드시 나타납니다.

고행이 바른 수행법이 아닌 것은 이미 2,500년 전에 부처님께서 당신의 몸으로 여실히 증명해 보이셨습니다. 부처님은 전정각산에서 6년 동안 몸에 뼈만 남을 정도로 가혹한 고행을 하셨습니다. 그 후 부처님은 지나친 고행은 수행에 도움이 되지 않는다고 가르치셨습니다. 몸으로 고행한다고 도(道)가 이루어지는 것은 아니라는 것입니다.

이렇게 덮어놓고 고행을 하지 말라고 부처님께서 직접 모범을 보이셨으므로 이르신 대로만 하면 되는데, 요즘도 수행 삼아 고행을 하는 사람들이 많습니다. 고행은 도가 아닙니다. 고행을 한다고 도통하는 것이 아닙니다. 그렇다고 몸을 너무 기름지게 해서도 안 됩니다. 몸을 지나치게 혹사시키지도 않고 너무 늘어지게 풀어주지도 않으면서 부처님이 가신 길을 잘 밟아가면 어렵지 않게 도를 통할 수 있습니다.

정진한다고 하여 말뚝신심으로 찬 바위에 오랫동안 앉아 있으면 그 인과가 나타납니다. 그렇게 몸을 함부로 굴리다가는 나중에 풍(風)을 맞기도 합니다. 찬방에 오래 앉아 있어도 좋지 않습니다. 냉기가 항문을 통해 들어가 냉병이 생기는데, 몸이 차가워지면 수행하는데 장애가 생깁니다. 자유자재하는 힘을 얻기 전에 몸만 망치는 것입니다. 생식을 한다느니 뭐 어쩐다느니 하며 몸을 잔뜩 억압하는데, 그렇게 고행을 하다가 눈을 겨우 뜬 이들이 있기는 합니다. 이들은 몸을 험하게 다루었기 때문에 겉모습으로 원만한 도인의 상호는 갖추지 못합니다. 그러므로 겉모양만 보고 도인을 함부로 분별할 일도 아닙니다.

초발심을 내었을 때 열심히 하는 것은 좋지만 그렇다고 몸을 심하게 쓰는 일은 조심하고 삼가야 합니다. 수행을 하다가 몸이 아프게 되면 얼른 약도 먹여주고 잘 대해주어 몸이 완쾌되도록 잘 조절해야 합니다. 몸이 아플 때 무조건 수행을 강하게 밀고 나가지 말고 일단 치유한 다음 수행을 강하게 하는 것이 좋습니다. 몸에 병이 나면 거기에 끄달려서 공부가 안 됩니다.

몸은 변덕이 심한 여우와 같으므로 살살 구슬려서 잘 부려먹어야 합니다. 병이 나지 않도록 조심조심 다루어 백 년을 멋지게 써먹어야 합니다. 그 이상 몸에 정성을 쏟을 것은 없습니다. 백 년이 지나면 지수화풍(地水火風) 네 마리의 뱀이 되어 스스로 가버립니다. 아무리 공을 들여도 네 마리 뱀을 기른 것 밖에는 안 됩니다.

예전에는 절집도 살림이 매우 곤란해서 결제 중에도 탁발을 나가야 했는데, 요즘은 먹고사는 것이 너무 풍족해서 오히려 공부에 지장을 줄 정도입니다. 병든 몸도 공부에 해롭지만 지나치게 건강해 혈기가 왕성한 것도 공부에 도움이 안 됩니다. 그래서 비구들은 기름도 많이 먹지 말라고 되어 있습니다.

파, 마늘, 양파, 부추, 달래 등의 오신채는 양기를 돋우고 건강을 너무 좋게 해서 번뇌가 와글거리게 되므로 예부터 비구들은 그것을 경계하게끔 되어 있습니다. 그렇게 하면 수행에 많은 도움이 된다는 것입니다. 그래서 전생에 스님 노릇을 하던 이는 어려서부터 파, 마늘을 무척 싫어합니다. 전생에 먹지 않던 습관을 그대로 가지고 태어난 것입니다. 채식도 마찬가지입니다. 전생부터 육식을 하지 않던 이들은 새로 몸을 받아 나서도 채식만 하려고 합니다.

몸은 마치 여우와 같아서 잘 먹여주면 더 잘 먹여달라고 졸라댑니다. 눈은 꼭 참새 같고 콧구멍은 구렁이 같고 입은 물고기 같아서 뭘 자꾸 먹겠다고 합니다. 그런 경계에 너무 팔리지 말아야 합니다. 몸을 지혜롭게 다루어 잘 부려먹은 이는 극락을 갈 것이고 어리석게 다룬 이는 지옥에 처박히게 될 것입니다.

다른 외도들은 중생들의 업으로 나타나는 인과의 도리를 전혀 모릅니다. 부처님 법과 비교하면 깜깜 장님이라고 해야 할 것입니다. 그래서 몸으로도 요란스럽게 수행을 하여 업을 더 심하게 짓고, 번뇌 망상에 의지하여 수행을 한답시고 요술에 빠지는 도를 구하고 있습니다. 그런데 불자들은 이렇게 밝은 이치를 만나게 되었으니 얼마나 다행입니까. 하지만 불자들은 부처님의 법을 만난 것이 얼마나 다행인지, 얼마나 은혜로운 일인지 실제로는 잘 모릅니다. 그렇기 때문에 인과의 도리를 설해주어도 여전히 같은 업을 피우며 세세생생 고통 속에 빠져 윤회합니다.

이렇게 귀한 법을 만났으면 아주 간절하게 노력을 해야 합니다. 자꾸 수행을 해야만 간절한 마음이 조금씩 우러납니다. 부지런히 수행을 하고 애를 써서 간절한 마음이 참

으로 사무치게 하여 밝은 이치를 사실대로 깨닫고 업의 세
계와 인과의 도리를 초탈하는 대자유인이 되어야 합니다.

제
6
장

참선
기초
수행법

염불하는 것은 좋으나, 그것은 '좋은 명상에 집착하는 것' 입니다. 염불은 다른 잡동사니 망상을 하느니 좋은 망상을 하는 것입니다. 염불하는 것은 맑은 기운입니다. 인과는 망상 때문에 생겨나는 것이므로 좋은 망상을 하면 좋은 과보를 받게 됩니다. 그래서 염불을 하면 복을 받습니다.

선지식으로부터 기도법이라 수행법, 화두 등을 받아 열심히 정진하고 노력하면 그만큼 번뇌가 쉬고 정화되어 맑아지고 순수해집니다. 수행을 열심히 한 만큼 본마음이 드러나 번뇌 망식에 의지하여 허상을 자신의 마음으로 삼고 살던 전도몽상을 여읠 수 있게 됩니다. 그러면 일찍이 부처님이 설해놓으셨던 밝은 이치의 세계, 실상의 세계, 진리의 세계로 더 가까워집니다.

번뇌가 쉰 만큼 마음이 즐겁고 행복하며 밝아지게 됩니다. 그래서 자기도 모르게 흥겨운 콧노래가 나오고 엉덩춤이 들썩들썩 추어지며 언제나 행복한 삶을 누리게 됩니다. 이렇게 즐겁고 행복하게 살다가 어느 날 문득 근본 이치를 터득하고 마침내 도를 통하게 되는 것입니다.

자기 자신이 이렇게 행복하고 순수하고 바르게 되면 그 영향이 가족은 물론 주변 이웃까지 퍼지게 됩니다. 더 나아가 나라와 지구, 우주까지 그 영향이 퍼져나가 온 세상이 밝아지고 행복해집니다. 이렇게 즐겁고 기쁜 삶을 살면서 항상 베풀고 나누며 나와 남이 동시에 이롭도록 노력하는 것이 보살행을 실천하는 것입니다.

오래 전부터 대중들을 위한 수행법을 마련하여 이를 단계적 프로그램으로 체계를 세워 널리 알려온 것이 있습니다. 이 공부를 착실히 해 마치면 마음에 참된 힘을 얻고 부처님 법의 이치를 바르게 깨달아 주변의 인연 있는 중생들을 제도하며 보살행을 실천하는 불자로 거듭나게 됩니다. 또 애쓴 만큼 업이 녹고 정화가 되어 들뜨던 망식 기운이 차분히 가라앉아 마음이 편안해집니다. 그럼으로써 최상승 참선법을 닦기 위한 기초가 착실히 닦이게 됩니다. 이 공부 과정을 마쳐야 간절하게 발심이 되며, 최상승선 화두 공부를 하기 위한 기본이 갖추어집니다.

1. 광명진언
2. 지장경
3. 관세음보살보문품경
4. 금강경

5. 선가귀감

6. 원각경

7. 법화경

8. 선가귀감(再次)


공부 과정은 이렇게 단계적으로 경을 읽으며 한 단계가 끝날 때마다 정해진 절차에 따라 천도재를 올리게 되어 있습니다.

이 공부 과정을 모두 마친 이는 '열 살도 안 된 아들딸에게 하듯이 조건 없이 베푸는 마음이 조금씩이나마 생겨납니다. 나름대로 순수한 마음으로 지극하게 공부한 이는 그런 마음이 매우 크게 생겨나기도 합니다.

또 참으로 바르게 살겠다는 마음, 본래심(本來心)을 찾겠다는 간절한 도심(道心)이 생겨납니다. 각자 노력한 만큼 그 정도는 달라서 '눈곱재기' 만큼 생긴 이도 있고, '쥐눈이콩' 만큼 생긴 이도 있고 '작두콩' 만큼 생긴 이도 있습니다. 작두콩은 아주 크고 맛도 좋습니다.

그렇게 저마다 정도는 다르지만 순수하고 간절한 마음이 저절로 우러나도록 발심이 된 것은 갓 자라나는 어린

새순, 새파란 어린 싹과 같은 것입니다. 처음에는 매우 작고 연약하지만 점차로 자라나서 작은 나무도 되고, 점점 더 성장하여 아주 커다란 나무도 되는 것입니다.

또 눈덩이에도 비유할 수 있습니다. 눈사람을 만들 때처럼 연탄재에 눈을 뭉쳐 몇 번만 굴려보면 처음에는 우습게 작아 보이던 것이 한 번 구르고 나면 금세 커지고, 한 번 구르고 나면 금세 커지고, 또 한 번 구르고 나면 금세 커져서 어느새 놀랄 만큼 큰 눈덩이가 됩니다.

그와 마찬가지로 처음에 '눈곱재기' 만큼 생겨난 발심, 행복감, 남에게 베푸는 마음이 1년 지나면 두 갑절, 2년이 지나면 네 갑절, 3년이 지나면 팔 갑절, 이렇게 해마다 배(倍)로 불어납니다. 그래서 즐거움과 행복에 겨운 삶을 살다가 어느 날 탁 도가 통하는 것입니다. 하지만 여기에서 즐겁다고 하는 것은 들뜬 즐거움이 아니라 담담한 것을 표현하는 말입니다. 담담한 것이 참 즐거움입니다. 그것이 즐거움보다 더 위에 서는 것입니다. 들뜬 기운을 가라앉히는 즐거움이기 때문입니다.

이런 즐거움을 지니고 무엇보다도 열 살도 안 된 아들딸에게 그러하듯이 무조건적으로 베푸는 마음을 시부모와 남편, 그리고 아내에게 가질 수 있어야 합니다. 열 살도 안 된 아들딸에게는 누구나 진정으로 마음에서 우러나서 지극하게 잘합니다. 아주 즐거워서 베푸는 것입니다.

공부 과정을 차례대로 해서 마치고 나면 부처님 법의 바른 이치가 깨달아지기 때문에 상대에게 늘 무엇인가 바라던 마음, 구하던 마음을 내려놓고 진실한 태도로 시부모와 남편에게도 베풀게 됩니다. 그러면 자기 자신부터 편안해집니다.

열 살도 안 된 아들딸에게 베풀듯이 시부모, 남편에게도 기뻐서 베푸는 마음이 생긴 이는 그렇게 하는 것이 즐거워서 점점 더 잘하게 됩니다. 옛날 우리나라 조상들이 모두 이렇게 살았습니다. 시부모 공경하고 베푸는 것이 참으로 즐거워서 저절로 우러나는 마음으로 모셨습니다. 또 그것이 자기가 마땅히 져야 할 책임이었기 때문에 그 도리를 다하기 위해 언제나 노력하며 살았습니다.

이 공부 과정을 마치기 전에는 하루하루의 삶이 괴롭기만 했다는 사람들이 많습니다. 어떤 보살님은 처음에 보았을 때 아무 말도 못하고 무턱대고 흐느끼기만 했습니다. 헛살았다는 생각에 한숨이 저절로 나오는 중증 우울증 환

자가 되어 온 것입니다. 스트레스가 얼마나 많이 찼는지 자기도 모르게 몇 분에 한 번씩 한숨을 있는 대로 내쉬었습니다. 화기(火氣)가 떠서 신경안정제를 먹어야 겨우 잠이 올 정도라고 했습니다. 그렇게 하면 재수가 없다고 해서 주변에서 다들 싫어합니다. 하는 일도 잘 안 됩니다. 장사꾼이 한숨을 폭폭 내쉬면서 물건을 팔면 그 가게에 어느 손님이 오겠습니까?

하지만 이 공부 과정을 차례로 마치면 심하게 괴롭던 그런 기운이 모두 없어집니다. 이 공부를 마친 사람 가운데 영험을 못 본이는 하나도 없습니다. 영험이라고 하면 다들 들뜬 마음, 무엇을 잔뜩 구하는 마음을 일으켜 이상한 관념들을 갖다 붙이는데, 여기에서 말하는 영험은 업이 소멸되어 마음의 안정을 찾는 것을 뜻합니다. 부처님의 바른 가르침에 의지하여 사물의 이치와 인과의 도리를 깨달아 자기 삶에서의 행복과 즐거움을 되찾은 것을 표현하는 단어인 것입니다.

소원을 성취하겠다고, 대단한 영험을 보겠다고 들떠서 공부를 한 이는 참된 영험이 적게 나타납니다. 공부를 다 마치고도 들뜬 기운이 가라앉지 않아 번뇌 망상이 거칠게 늘뛰어 괴로움이 많이 남게 됩니다. 그래도 공부를 한 공덕이 있어서 적게나마 영험은 다 봅니다. 자기 자신을 그토록 괴롭히던 원망과 미움, 남의 탓을 하는 마음 등이 가라앉고 착하게 살아야겠다는 마음이 생겨나며, 부처님의 가르침을 좀 더 많이 배워 참자아를 찾고 싶다는 발심에 이르게 됩니다. 그래서 '이렇게 좋은 법을 왜 진작에 못 만났을까!' 하고 기쁨에 겨운 탄식을 합니다.

주력(呪力)을 하고 경을 읽고 천도재를 올리면서 열심히 공부했다면 그것은 마치 예과(豫科)를 마친 것과 같습니다. 의대는 예과를 마치면 본과에 올라가서 그간 배운 것을 실습하게 되어 있습니다. 공부 과정에서 예과를 마친 분들의 경우에는 실습장이 바로 가정입니다. 가정이 도 닦는 실습장인 것입니다. 경을 읽고 법문을 듣고 배운 가르침을 집에서 실천해보는 것입니다.

공부 과정을 다 마치면 예전엔 죽어도 안 되던 것이 조금씩 되기 시작합니다. 그렇게 밉던 시부모와 남편의 장점이 보이고 상대방의 입장이 이해가 됩니다. 비로소 사람답게, 사는 것처럼 살게 된 것입니다. 그렇게 참다운 행복의 맛을 보게 되니까 점점 더 잘하게 됩니다. 당연히 점점 더 행복해집니다. 또 삶에서 응용하는 여러 가지 지혜도 생겨납니다. 뿐만 아니라 안에서 저절로 우러나오는 간절한 마음과 힘이 생깁니다.

부처님의 가르침을 잘 입력해서 생겨나는 지혜와 진실한 마음, 그리고 힘을 가정에서 자꾸 굴려보면서 이렇게도 해보고 저렇게도 해보면 복된 삶을 살 수 있게 됩니다. 그래서 가정을 편안하게 잘 다스릴 수 있게 됩니다. 모범가정, 주변에서 모두 부러워하는 가정, 아주 행복한 가정을 이루는 것입니다.

마음에서 우러나오는 진실함과 힘은 저절로 풍겨나는 향내와 같은 것입니다. 부처님의 보배 말씀을 안에 담으면 그것이 말에도 풍겨 나오고 일체 행동에도 풍겨 나옵니다. 무릇 자기 안에 좋은 것을 담을 줄 알아야 합니다. 빈 깡통에 못 쓰는 모래나 쓰레기만 잔뜩 담아 놓으면 어떻게 되겠습니까. 좋은 곡식을 담아야 합니다. 그렇게 잘 여문 사람, 속이 꽉 찬 사람이 되어야 합니다. 그렇게 되면 아무리 감추려고 해도 그 향내가 천리에 퍼집니다.

전단향을 가지고 다니면 꽁꽁 묶어서 싸매고 또 싸매어도 한번 '풀썩' 하면 말할 수 없이 은은하고 향기로운 전단

향내가 삽시간에 퍼집니다. 반대로 썩은 생선을 묶어놓았던 지푸라기에서는 아무리 냄새를 없애려고 해도 악취가 납니다. 그것은 절대로 감출 수도 없고 속일 수도 없습니다. 스스로가 전단향 같은 사람이 되어 그것으로 중생을 제도해야 합니다. 그것은 감화를 시키는 것입니다.

언제나 남보다 두 배는 잘해야 절에 가는 향내가 풍기게 됩니다. 언행에서 전단향과 같은 좋은 향기, 부처님의 가르침의 향기가 배어나는 것입니다. 그러면 집에서도 그 전에는 가정의 화합을 깨는 소리만 했는데, 이제는 상냥하고 부드러워져 남편을 위로하고 아이들을 보듬어주는 소리를 할 줄 압니다. 일상 삶에서 그렇게 실천하는 것, 그것이 바로 향(香)입니다. 부처님께 향 올리는 뜻이 바로 거기에 있습니다.

'우리 집안에서 향내 나는 일을 하겠습니다. 우리 집안의 모범이 되겠습니다.'

이렇게 부처님과 약속을 하는 것입니다.

촛불을 켜는 것도 마찬가지입니다.

'우리 집안의 어두운 기운을 환히 밝히겠습니다. 참으로 좋은 가정, 화락한 가정을 만들겠습니다.'

이런 마음으로 부처님 앞에서 스스로 다짐하여 맹세하는 것입니다.

혼자서는 아무래도 잘 안 되니까 부처님 앞에서 그렇게 맹세를 하는 것입니다.

부처님과 그렇게 약속을 할 때에는 장에 가서 과일도 좋은 것, 초도 좋은 것, 공양미도 좋은 것을 사서 올리고 지극한 정성을 표해야 합니다. 무엇이든 지극한 정성심이 있어야 합니다. 그런 것이 없는 이는 깨끗한 물을 한 잔 떠다 올려도 좋습니다. 이때에도 정성심으로 해야 합니다. 한 걸음 한 걸음 염불하면서 가져다 올리고 무릎이 아프도록 지극히 절을 해야 합니다. 이때는 108배로도 모자랍니다. 500배는 해야 합니다.

'우리 집안의 가장인 남편을 잘 공경하고 사랑하겠습니다.'

이렇게 다짐하며 부처님 앞에서 500배를 하는 것입니다. 그것이 바로 부처님께 향을 올리는 것이며 촛불을 켜는 행(行)입니다.

이렇게 부처님 앞에서 정성스럽게 절을 하고 다짐해도 습(習)이란 무서운 것이어서 남편의 얼굴을 보면 여전히 쏘는 소리가 먼저 나옵니다. 그래도 예전과는 달라서 자신이 무릎 아프도록 절을 해놓은 것이 있어서 한 번이라도 참게 됩니다. 그렇게 한 번 참고 두 번 참고 세 번을 참으면 고비는 넘어갑니다. 그러면 참는 것이 습관이 되어 더 어려운 순간도 잘 넘길 수 있게 됩니다.

그러면 스스로가 무척 장하게 보입니다. 그것처럼 기쁜 일이 없습니다. 남과 싸워서 이기는 것보다 자신과 싸워서 이겼을 때의 기쁨이 훨씬 더 큰 것입니다. 그 때의 기쁨과 대견스러움은 정말 이루 말할 수 없이 큽니다. 그 기쁨이 원동력이 되어 다른 잘못된 버릇들도 하나씩 고쳐나갈 수 있게 됩니다. 그러면 자기 자신이 점점 나아지고 성장하여 보살행을 실천하며 멋지게 사는 보살, 원만한 덕성을 갖춘 진짜 보살이 됩니다.

『지장경』부터 『법화경』까지 공부를 해 마치면 경(經)의 가르침이 머리에서 자꾸 돌아가게 됩니다. 그것을 바탕으로 육바라밀을 행하면 힘을 더 많이 얻을 수 있게 됩니다. 육바라밀은 바로 수행입니다. 수행이라는 것이 별스럽게 따로 있는 것이 아니고 보통 사람들이 따라 하기 어려울 만큼 힘든 것도 아닙니다. 육바라밀을 실천하기 위해 애쓰다 보면 그것이 바로 수행 그 자체이기 때문에 점차로 번뇌 기운이 쉬게 됩니다. 몸을 버리고 갈 때 정신 차릴 수 있는 힘도 바로 여기에서 생깁니다. 그렇게 힘을 얻어놓으면 전체가 즐거움으로 변합니다. 즐거움의 맛을 보면 더 잘하게 됩니다. 즐거워서 베푸니까 힘이 하나도 들지 않습니다. 이렇게 즐거움 속에서 아주 오순도순 잘사는 것입니다.

부부가 서로 잘 의논해서 집안을 이끌고 화목하게 살며, 부모에게는 효도하고 자녀는 올바르게 키웁니다. 이것이 바로 자녀에게 그대로 거울이 되는 모범된 행입니다. 이런 가정에서 훌륭한 부모를 보고 자란 아이들은 자기도 성장하면 그렇게 살겠다고 하면서 참으로 멋지게 살아갈 마음을 냅니다. 이것이 바로 수행이며 포교입니다.

이 법이 온 세상에 두루 퍼져야 합니다. 지구상 사람들뿐만 아니라 귀계(鬼界)의 중생들까지도 보고 본받아서 따라하고 싶어하는 법이 바로 이것입니다. 육바라밀을 실천함으로써 즐거움을 얻고, 그래서 모두가 행복하게 살면 그 복력(福力)이 모두 자신에게 고스란히 오게 되어 있습니다. 그것이 인과의 법칙입니다. 잘되는 회사의 주인 노릇을 하면서 이익배당을 함께 나누어 가지는 것과 마찬가지입니다.

육바라밀 수행법은 지금 당장 행복해서 좋고, 복 받아서 좋고, 번뇌가 차차로 쉬어 본마음을 찾고 도통해서 좋습니다. 이렇게 따져도 옳고 저렇게 따져도 옳은 법입니다.

우리의 조상님들이 바로 이 법을 삶 속에서 고스란히 실천하면서 살았습니다. 그래서 도통(道通)한 이가 수없이 많았습니다. 또 도에 가까운 이가 수없이 많았습니다. 그렇게만 해나가면 됩니다. 그것이 바로 도를 닦는 것이고 수행하는 것입니다. 각 가정에서, 청정한 수행처인 절에 와서 그렇게 실천하면 그것이 바로 도 닦는 분위기를 만들어나가는 일이 됩니다.

어떤 이는 이렇게 말합니다.

"부처님은 절에 나오면서 욕심을 버리라고 말씀하셨는데, 저는 아직 욕심을 버리지 못해서 부끄러워 절에 갈 수가 없습니다."

부끄러움을 아는 태도는 매우 훌륭하지만, 이것은 마음의 작용을 잘 모르기 때문에 하는 소리입니다. 사람들은 흔히 욕심을 다 내버려야 한다고 생각합니다. 하지만 욕심이 승화되면 곧바로 서원(誓願)이 되고 생명의 원동력이 됩니다. 욕심을 잘 다스려서 멋지게 쓰면 크게 활용할 수가 있습니다. 자기에게도 이롭고 일체 중생에게도 이로운 큰 욕심을 부려서 그것을 수월하게 성취할 수 있는 방법이 바로 부처님의 가르침 안에 다 들어 있습니다.

깨달음을 얻어 자유자재하게 되면 온 우주를 뒤흔드는 힘을 얻고 법을 마음대로 잡아 쓸 수 있게 됩니다. 그러면 자기가 하고자 하는 대로 욕심을 마음껏 부려서 나와 남이 함께 이롭고 만 중생이 동시에 이롭도록 할 수가 있습니다.

욕심에 대한 해석을 어떻게 하느냐, 용심(用心)을 어떻게 하느냐, 그것이 문제입니다. 일반적으로 욕심을 매우 편협하게 해석해서 무조건 버려야 하는 것으로 이해하는데 욕심은 버리는 것이 아니라 승화시켜서 참으로 멋지게 써먹는 것입니다. 부처님의 가르침 안에 그 도리가 다 들어 있으므로 잘 배워서 실천하면 욕심을 마음대로 조절하고 응용할 수 있습니다.

그러나 이기적인 욕심은 다스리고 절제해야 합니다. 욕심을 마음대로 쓴다고 해서 혼자 잘 먹고 잘 살겠다는 이기적인 욕심, 엉덩이에 뿔난 것 같은 못된 욕심을 마음대로 부리면 안 됩니다. 하지만 그런 욕심이 있다 해도 너무 자신을 괴롭히지 말고 그대로 내버려두고 부처님의 가르침을 차차로 따라하면 됩니다.

옛날에는 흑백 텔레비전만 해도 매우 귀중한 재산이었기 때문에 사람들은 이것을 매우 애지중지했습니다. 그러나 컬러 텔레비전이 나오자 사람들은 하루아침에 흑백 텔레비전을 다 내다버렸습니다. 이기심도 이와 같습니다. 수행을 자꾸 해서 더 좋은 부처님의 가르침에 푹 젖어들게 되면 이기심은 저절로 없어집니다. 그러므로 욕심을 버리고 절에 다니는 것이 아니라 욕심을 있는 그대로 다 뒤집어쓰고 절에 나오는 것입니다. 욕심 보따리를 머리에 이고 등에다 짊어지고 옆구리에 잔뜩 끼고 그대로 오시면 됩니다.

엄동설한에 바깥이 얼마나 춥습니까? 중생들은 무거운 욕심 보따리를 잔뜩 지고 그 추운 바깥을 하염없이 헤매다니는 것과 같습니다. 그 잡동사니를 고스란히 든 채로 법당에 들어와도 괜찮다고 부처님은 따뜻하게 맞아주시는 것입니다. 절이고 부처님 품이니까 항상 훈훈하게, 따뜻하게 껴안아 들이는 것입니다.

무거운 짐도 내려놓고 얼어붙은 몸도 녹이고 배부르게 먹게 하는 것이 절입니다. 그러면 꽁꽁 얼었던 마음도 어느새 스르르 녹아서 잡동사니 보따리를 풀고 그 안에 든 것을 꺼내어 모두가 나누어 가지게 됩니다. 자기 혼자 이고 지고 다니던 욕심 보따리를 풀어 일체중생을 이롭게 하는 것입니다. 그렇게 되면 자기도 이롭고, 참된 욕심·바른 욕심이 무엇인지도 배우고 욕심을 활용하는 방법도 터득하게 되어 진실로 자신의 소원을 성취할 수 있게 됩니다. 이것이 바로 소원성취 기도법입니다.

이 공부 과정을 성실하게, 차례로 해서 마치면 속에서 우러나오는 마음의 힘이 있습니다. 그런 힘이 있어야 자신이 원하는 바를 이룰 수 있고 커다란 원력을 세워 실천해나가는 추진력이 됩니다. 또한 몸을 버리고 갈 때 정신을 똑바로 차릴 수 있는 힘이 됩니다. 아무리 참선을 하고 화두를 하고 최상승법을 닦는다 해도 실답게 공부하지 않으면 아무런 힘이 없어서 임종을 당했을 때 앞뒤가 캄캄하고 혼미할 뿐 정신을 차리기가 무척 어렵습니다. 교학을 열심히 해서 『팔만대장경』을 가로 외우고 세로 외우고 종횡자재로 외워도 힘이 안 됩니다. 그것은 경계에 당했을 때 아무런 힘이 되지 못하고 폭삭 무너지는 건혜(乾慧)일 따름입니다.

실참실구(實參實究)한 것이라야 참다운 힘이 납니다. 그래야만 자기 앞길을 훤히 밝히고 일체중생을 구제하는 대지혜가 됩니다. 실답게 공부해야만 부처님과 같은 대자대비한 마음이 간절하게 우러나오게 됩니다.

최상승 공부법에 비한다면 이 공부 과정을 밟는 것은 다소 수준이 낮아 보이지만 그것 역시 좁은 소견 때문에 그렇게 보이는 것입니다. 이 공부 과정은 부처님의 근본 가르침에 들어가는 첫 문이 되는 것이며, 간절한 발심을 하는 과정이며, 기초를 단단히 닦고 터를 바르게 정돈하여 최상승법으로 안정되게 옮겨가는 공부입니다. 그리하여 궁극에는 자기의 참마음을 발견하게 되는 공부입니다. 부디 착실한 마음으로 정성껏 해나가야 합니다.

이 과정을 성실하게, 참으로 지극하고 간절하게 마쳐야 바른 신심(信心)이 싹트고 자기 자신을 찾겠다는 사무치게 간절한 마음이 뼛속 깊은 곳에서부터 저절로 우러나오게 됩니다. 그리하여 최상승법으로 옮겨간 후에는 흔들림

없이, 어떤 경계에도 미혹됨 없이 힘있게 수행을 밀고 나가 마침내는 구경각(究竟覺)을 증득하고 일체중생과 더불어 성불하는 것입니다. 그리하여 마음이 사무쳐 밝아 온 우주를 대낮처럼 환하게 밝히게 되는 것입니다.

# 광명진언

'옴 아모가 바이로차나 마하무드라 마니파드마 즈바라
프라바를 타야 훔'

공부 과정을 밟으시려면 우선은 이 '광명진언(光明眞
言)'을 21일간 하루 천 번씩 외운 후 천도재를 하면 됩니다.
진언(眞言)은 참되어 허망되지 않은 말이라는 뜻도 되
고, 진여(眞如)의 법을 가르치는 말씀이라는 뜻도 됩니다.
진언은 신비한 뜻과 힘을 훼손하지 않기 위하여 뜻을 번역
하지 않고 범어(梵語)의 음(音) 그대로 외웁니다.
『선가귀감』에는 이런 대목이 있습니다.
'진언을 외우는 것은 금생에 지은 업은 다스리기 쉬운
것이라 스스로의 행으로 고칠 수 있으나, 전생에 쌓은 업
은 지워버리기가 어려우므로 반드시 신비한 힘을 빌어야
하기 때문이니라.'
바로 일초 전도 전생입니다. 현생이라는 것은 지금 당장
이 순간을 말합니다. 지금 당장은 생각을 마음대로 다스릴
수 있습니다. 그러나 지나간 과거는 이미 업이 되었으므로

그 업을 소멸시킴으로써 다스려 들어가야 합니다. 『선가
귀감』의 이 대목은 바로 이런 뜻을 밝히고 있는 것입니다.

엄밀히 말하면 진언은 상대성을 완전히 여의어 절대성
의 경지를 드러내는 화두관이 진짜 진언입니다. 일반적으
로 진언이라고 하는 것은 그 다음 가는 것으로 방편입니
다. 화두관이 어려우므로 일단 방편의 진언이라도 해서 다
겁생래 익힌 습관을 녹여야 합니다. 그리고 전생에 지은
죄를 지극하게 참회하고 용서를 구하는 것입니다. 진언에
대해 깊이 있게 해석하면 이렇게 풀이해야 옳습니다.

광명진언은 말 그대로 광명(光明)으로, 마음을 밝게 만
들어줍니다. 예부터 부처님의 몸에 피를 낸 자, 부모를 살
해한 자 등의 십악 오역죄(十惡五逆罪)를 지은 이는 불법
을 공부하기 어렵다고 되어 있습니다. 그런데 이런 무리들
일지라도 광명진언만은 공부할 수 있는데, 광명진언을 외
우면 그 탁한 죄가 모두 소멸된다고 했습니다. 그만큼 수
승한 진언이 광명진언입니다.

## 지장경

　광명진언을 마친 후 천도재를 올리고 나서는 『지장경』 300독(讀)을 하면 됩니다. 『지장경』은 인과의 도리를 세밀히 드러낸 경전입니다.

　『지장경』을 10독 하고 천도재를 올리고, 다시 90독 하고 천도재를 올리고, 다시 100독 하고 천도재를 올리고, 다시 100독 하고 천도재를 올리면 300독을 모두 마치게 됩니다. 특히 중요한 것은 하루 한 줄이라도 반드시 읽어 거르지 않아야 한다는 것입니다. 300독을 하는 기간 중에 하루라도 거르면 처음부터 다시 시작해야 합니다.

　또 경전을 읽다가 한 독(讀)을 완전히 마치기 전에 바쁜 일이 있어 경전을 덮었을 경우, 새로 읽을 때는 읽던 자리에서부터 계속 이어서 읽되 광명진언을 일곱 번 외워줍니다. 이렇게 하는 것이 『지장경』을 독경하는 방법이며, 지극한 정성을 들이는 것이 됩니다.

　어느 분은 『지장경』을 만 독, 십만 독을 하시려고 합니다. 자기 멋대로 그렇게 숨이 가쁘도록 벅찬 목표를 정해 놓고 읽다가는 혼자서 싫증을 내고 힘들어 합니다.

공부 과정에는 300독이라고 되어 있지만, 열심히 하신다고 정성심을 내어 천 번 이상 읽었다면 거기에 더는 매달리지 않는 것이 좋습니다. 하지만 지장재일을 중심으로 한 달에 한 번 정도는 꼭 읽는 것이 좋습니다. 그래서 천 번 읽은 실력을 잊어버리지 않게 되새겨주어야 합니다.

불망지(不忘知)를 얻으면 잊어버리지 않는데, 나중에 읽은 『금강경』이나 『원각경』, 『법화경』등에 치우쳐서 『지장경』에 나오는 업이나 인과의 도리를 무시하는 굴에 빠집니다. 그래서 한 달에 한 번 정도 『지장경』을 독경하는 것이 필요합니다. 또 꿈자리가 사나울 때 『지장경』을 열 번이든 몇 번이든 읽어서 천도재를 올려주면 좋습니다.

# 선가귀감

『선가귀감』은 서산 스님이 선법(禪法)의 종지를 바르게 드러내고, 선 수행상의 여러 가지 주의점과 선가(禪家) 오종가풍(五宗家風)의 법로(法路) 등을 간추려 선학자들의 거울이 되게끔 만들어 놓은 책입니다.

『팔만대장경』과 선사의 어록 가운데 중요한 것을 간추려 적고 거기에 휴정 스님이 직접 주해를 달고 평을 하였습니다. 그래서『선가귀감』은『팔만대장경』의 축소판이라고 할 수 있습니다.

공부 과정 중에『선가귀감』을 50독씩 두 번 읽게 되어 있는데, 그렇게『선가귀감』을 100독 하면『팔만대장경』의 핵심적인 내용이 비석에 글자를 새긴 것처럼 잠재의식에 깊게 새겨집니다. 비석에 깊게 새긴 글자는 천 년이 지나도 알아볼 수가 있습니다. 얕게 새긴 것은 비바람에 깎여 알아보기가 어렵습니다. 그처럼 잠재의식에 바른 가르침을 깊게 새겨 후생(後生)에도 이 가르침에 의지하여 불법을 닦아나가야 합니다.

중생들은 번뇌 망상을 여의지 못했기 때문에 참선을 해

도 어떤 망상이건 들어오게 되어 있습니다. 그러나 『선가
귀감』의 사상이 항상 머리에서 돌아간다면 자기를 올바로
경책하게 되므로 자기 마음을 밝히는 데 참으로 큰 도움이
됩니다. 무엇보다도 자기를 알아야겠다는 그 신심(信心)
이 놓쳐지지 않게 됩니다.

제
7
장

# 천도재

천도재는 보살행을 실천하고 많은 중생을 밝은 이치의 세계로 이끌어 들이는 수승한 의식이기 때문에 천도재를 올리면 그것은 선한 행(行)을 하고 좋은 공덕을 지은 셈이라 인과의 도리에 따라 선과(善果)를 받게 됩니다.

천도재(薦度齋)는 주변의 귀계중생(鬼界衆生), 인연 있는 중생들을 모두 청해 모셔서 부처님의 위신력(威信力)을 빌려 베푸는 의식입니다. 또한 기도하고 수행한 공덕을 법계에 회향하는 의식이기도 합니다.

천도재는 상구보리 하화중생(上求菩提下化衆生)의 보살도(菩薩道)를 실천하는 중요한 의식이기도 합니다. 천도재는 귀계의 중생들이나 여타의 인연 있는 중생들을 청해 모셔놓고 주린 배를 채우게 하고, 부처님의 가르침을 담은 심지법문(心地法門)을 설해줌으로써 이들을 밝은 진리의 세계, 참사실의 세계, 자기 본마음을 깨닫는 자리로 이끌어나가는 의식입니다. 그렇기 때문에 일체중생을 근기 따라 제도하는 보살행이 되는 것입니다.

천도(薦度)는 '옮길 천(薦)' 자, '법도 도(度)' 자를 씁니다. 법도(法度)에 옮겨서 확실한 견성의 자리에 들어가게 한다는 뜻입니다. 그러므로 '자기 본마음 자리를 깨닫게 하는 것'이 천도입니다. 다시 말해 성불(成佛)이 곧 천도라고 할 수 있는 것입니다. 천도의 본뜻이 이처럼 사뭇 깊고 광대하기 때문에 '제사 제(祭)' 자를 쓰지 않고 '재계 재(齋)' 자를 씁니다. 재계를 지킨다는 뜻인데, 재계를 지키는 것은 바로 본심을 찾는 수행을 한다는 의미입니다.

조상님들 천도재를 몇 번 올리고 나서 천도가 다 됐다고 말하는 사람들이 있습니다. 그것은 조상님들을 견성시켰다는 얘기입니다. 과연 조상님들이 견성하고 천도가 다 되었을까요. 결코 그렇지는 않을 것입니다. 그러므로 임종을 당하는 그 순간까지 수행의 끈을 놓지 않듯 미래세(未來世)가 다하도록 천도를 해야 합니다. 몇 번 천도재를 올리고 천도가 다 되었다고 하는 사람들은 무당들이거나 부처님의 정법을 탁하게 흐려놓는 이들입니다.

특히나 임종을 당했을 때 천도재는 영가에게 큰 힘이 됩니다. 정신을 잃고 헤매는 영가에게 사실의 이치를 낱낱이 일러주는 심지법문을 해주는 것입니다. 영가가 제 갈 길을 가지 못하고 서로 울고 세월을 보낸다면 어떻게 되겠습니까. 집착을 못 버리고 자녀 곁을 맴돌며 자꾸 어루만지면

생전에 그토록 사랑했던 자녀는 큰 병에 걸리고 재앙을 당하게 됩니다. 그러므로 영가는 제 갈 길을 가야 합니다. 이런 사실을 영가에게 천도재를 통해서, 또 법문을 통해서 49일 동안 자꾸 일러주는 것입니다.

천도재는 항상 지극한 정성심을 가지고 올려야 합니다. 지극정성은 좋은 밭에 씨앗을 심는 것과 같습니다. 얼마만큼 지극한 정성을 들였는가에 따라 기름진 옥토인지 황폐한 박토인지가 판단됩니다. 정성을 통해서 조상님들께 복을 지어드리고 자신도 유루복(有漏福)을 성취하는 의식이 천도재입니다.

불보살님들의 이름을 빌려 천도재를 하여 공덕을 얻으면 조상님들에게 그 복력(福力)이 고스란히 가게 되어 있습니다. 조상님들은 천도재를 올릴 때 모시는 위패에 접(接)해 있는 것이 아닙니다. 이미 새 몸을 받아 다른 세계에 나셨거나 이 사바세계에 다시 오셨을 수도 있습니다.

조상님들께서 어느 세계에 어떤 몸을 받아 나셨든 간에 정성을 들여 천도재를 올리면 그 정성이 헛되지 않게 전부 전달됩니다. 8식(識), 즉 잠재의식 작용으로 시간도 걸리지 않고 공간의 원근(遠近)에 구애받지도 않고 즉각적으

로 조상님들에게 전달되는 것입니다. 그래서 빛으로 몇 억 광년을 가는 먼 거리에 가서 조상님이 태어나셨다고 해도 정성이 모두 전달됩니다. 이것이 부처님의 인과법칙입니다. 온라인 송금한 돈이 통장에 들어가듯 후손들이 정성들인 결과로 생겨난 이익이 조상님들께로 모두 들어가는 것입니다.

천도재는 보살행을 실천하고 많은 중생을 밝은 이치의 세계로 이끌어 들이는 수승한 의식이기 때문에 천도재를 올리면 그것은 선한 행(行)을 하고 좋은 공덕을 지은 셈이라 인과의 도리에 따라 선과(善果)를 받게 됩니다. 그 이익은 조상님들에게만 가는 것이 아니라 천도재를 올린 재자(齋者) 본인에게도 돌아오게 됩니다. 그래서 자신도 유루복을 성취하는 것이 됩니다. 복이 있어야 공부를 하는 데 장애가 적고 성취가 빠릅니다. 그렇기 때문에 공부하는 사람들은 무루복을 근본 목적으로 삼되 평소에 유루복 짓기를 게을리 해서는 안 됩니다.

무루복은 본심을 깨달아 번뇌 없는 자리에서 짓는 복을 일컫는 말입니다. 유루복은 번뇌 망상에 의지하여 사는 중생들이 그나마 맑은 망상에 의지하여 짓는 선업의 결과로 받게 되는 복을 말합니다. 비록 유루복일지라도 복혜양족(福慧兩足)이 되어야 합니다. 복과 지혜를 두루 갖추는 것입니다. 그래야 수행에 도움이 됩니다. 중생들의 모든 생김새가 바로 인과의 기록장부이기 때문에 천도재를 올려 유루복을 지은 대가도 바로 얼굴과 모양새에 빠짐없이 기록이 됩니다.

최상승법인 화두 참선을 하는 이들 가운데는 그 높은 법에 치우쳐서 천도재를 낮은 수준의 의식(儀式)이라고 경시하는 사람들이 많습니다. 이것은 잘못된 생각입니다. 참선을 해서 이르게 되는 본심 경지에 일체중생들을 섭수(攝收)해 들어가는 것이 천도재이고 자타가 일시에 성불하는 도리가 천도재이며, 대승보살의 서원을 실천하는 보살행이 천도재인데 참선을 한다고 이런 의식을 낮추어보면 불법의 근본도리를 낮추어보는 셈이 되어 크게 감복(減福)합니다.

인연 있는 중생들을 청해 모셨으면 정성껏 대접해야 하는데, 낮추어보고 기분을 나쁘게 하면 어떻게 되겠습니까. 그 의식이 참으로 공덕이 될 수 없을 것입니다. 천도재를 낮추어보는 것은 불법의 근본 이치를 모르는 것이고, 부처님의 가르침을 바르게 이해하지 못하는 것입니다. 또한 모든 중생의 근기에 수순해 줄 것을 서원한 보현보살님의 행원에 위배되는 일입니다.

제
8
장

# 육바라밀

육바라밀을 실천함으로써 참으로 부모에게 효도하며 부부간에 오순도순 살며, 자식을 바르게 기를 수 있게 됩니다. 육바라밀은 진정한 삶의 가치와 행복의 원천으로서 본마음 바탕입니다. 육바라밀 수행을 통하여 궁극적으로 도달하는 피안의 세계, 다시 말해 해탈 열반의 세계를 성불(成佛)이라고 합니다.

육바라밀(六波羅蜜)은 대승보살의 실천적 생활윤리로, 보시(布施) · 지계(持戒) · 인욕(忍辱) · 정진(精進) · 선정(禪定) · 지혜(智慧)의 여섯 가지 바라밀을 말합니다.

'바라밀'은 범어인데 그 뜻을 풀이하면 '도피안(到彼岸)'이라고 번역할 수 있습니다. 피안(彼岸)에 도달했다는 것입니다. 피안, 즉 '저 언덕'은 본마음자리, 진리의 세계를 뜻합니다. 생사 번뇌의 차안(此岸)에서 해탈 열반의 저 세계에 이르렀다는 뜻입니다. 그러므로 선문(禪門)의 엄밀한 개념으로 따지자면 육바라밀은 결국 추번뇌 · 세번뇌가 완벽히 끊어진 절대순수의 경지를 뜻합니다.

절대성의 경지를 나타내는 육바라밀의 상태에 금방 도달할 수는 없으므로 대승보살은 방편적 개념으로서의 육바라밀을 생활 속에서 실천 · 수행함으로써 번뇌 망상과 전도몽상, 허상의 세계를 점차로 여의고 진리의 세계, 깨달음의 세계에 도달하게 됩니다.

육바라밀은 가정에서도 도 닦는 법입니다. 가정에서, 자기 일상 삶 속에서 육바라밀을 실천하면 번뇌 망상이 쉬고 본심이 드러나 괴롭기만 하던 삶이 즐거움으로 승화됩니다. 즐겁고 행복한 삶을 살면 번뇌가 더 많이 쉬게 됩니다. 그리하여 중생들이 뒤집어쓰고 있는 관념의 껍데기, 번뇌 망상을 다 벗어 던지고 무명(無明)의 캄캄한 어둠으로부터 맑은 이치의 세계로 나올 수 있는 것입니다.

괴로움이 승화된 즐거움을 한 번이라도 맛보게 되면 점점 더 잘하게 됩니다. 그러면 매일매일 더 발전하고 행복한 삶을 살게 됩니다. 행복의 가치가 바로 거기에 있습니다. 자기도 이롭고 남도 이로운 삶을 살면서 행복과 자유를 마음껏 누리게 되는 것입니다.

이렇게 행복한 삶을 살게 해주는 육바라밀 가운데 첫 번째는 보시바라밀입니다.

보시(布施)란 자신의 것을 아낌없이 남에게 베푸는 것입니다. 가까운 인연인 부모, 형제, 부부, 자식, 친지 등에게 아무것도 바라지 않고 물심양면으로 따뜻하게 베푸는 것이 보시바라밀입니다.

또한 인간뿐 아니라 일체의 모든 생명과 유주·무주고혼(有主無主孤魂) 등의 만 중생에게 참으로 지극하고 순수한 마음으로 베푸는 것이 보시바라밀입니다. 열 살도 안된 아들딸에게 베푸는 것과 같은 무조건적인 사랑, 대가를 바라지 않는 사랑을 일체 중생에게 베푸는 것입니다.

언제나 가까운 곳, 자기 가정에서부터 시작해야 하므로 아내는 시부모와 남편에게, 남편은 아내와 그 가족에게 무조건적인 사랑을 베풀며 살아야 합니다. 더 나아가 이웃과 사회, 일체중생에게 그 사랑을 확장시키는 것입니다.

보시바라밀을 실천하는 것은 바르고 착하게 살려고 노력하는 것입니다. 이러한 보시행을 닦는 것은 본심에 가깝게 가는 지름길이라고 할 수 있습니다. 참자아를 발견하여 삶의 진짜 가치와 행복을 발견할 수 있는 것입니다.

보시에는 법보시(法布施)·재보시(財布施)·무외시(無畏施)의 세 종류가 있습니다.

법보시는 부처님의 가르침, 즉 밝은 진리를 주변 사람들에게 전하고 알려주는 것을 말합니다. 자신이 아는 만큼 부처님의 가르침을 전하며 함께 수행해나가는 것입니다.

재보시는 물질적인 재화를 남에게 아낌없이 나누고 베

풀어주는 것을 말합니다.

무외시는 중생들을 두려움으로부터 벗어나게 하는 것을 말합니다. 참사실의 세계를 깨닫지 못하고 전도된 몽상 가운데 살며 두려움과 공포를 느끼는 중생들을 편안하게 하는 것을 일컫는 말입니다.

육바라밀 가운데 두 번째는 지계바라밀입니다.

지계(持戒)란 부처님께서 경계하신 말씀, 즉 오계, 십계, 보살계, 비구계, 비구니계 등을 지키는 것을 말합니다.

부처님께서는 '계(戒)는 삼계의 화택(火宅)을 초월하는 사다리이며 어둠을 밝혀주는 등불이다. 또한 바다를 건너는 배이며, 현인과 성인이 되는 진리의 양식이다. 그리고 생사 해탈의 길잡이다'라고 말씀하시며 지계의 중요성을 일러주셨습니다.

지계는 출가 수행인에게만 해당되는 것이 아닙니다. 재가자들도 계를 받아 지니고 지킬 수 있습니다. 또한 지계의 개념을 보다 폭넓게 해석하여 '아무것도 바라지 않고 서로 아끼고 사랑하고 존경하며 살려고 노력하는 것'을 지계라고 할 수도 있습니다.

출가 사문들이 계(戒)를 힘써 지키듯 재가자들 역시 상대에게 무엇도 바라지 않는 마음, 존경의 마음, 사랑의 마음을 힘써 지키기 위해 노력하는 것을 계(戒)로 세워 지키며 살면 됩니다. 부부간에 인연이 있어 함께 살게 되었으므로 이러한 사랑과 존경의 마음을 계(戒)로 삼아 잘 지키면서 살아야 합니다. 이렇게 승속(僧俗)간에 바르게 지계하면 마침내 번뇌 망식을 항복받을 수 있고 청정한 본심이 드러나게 됩니다.

육바라밀 가운데 세 번째는 인욕바라밀입니다.

'인욕(忍辱)'이란 타인으로부터 받는 박해나 고통을 잘 참고 견디며 성내지 않는 것을 일컫는 말입니다. 또한 스스로의 내면에서 일어나는 어떤 괴로움에도 마음을 움직이지 않는 것을 뜻합니다. 인욕은 안팎의 경계에서 생겨나는 모든 어려움과 고통들을 단순히 잘 참고 견디는 데 그치는 것만은 아닙니다. 땅에 넘어진 자가 땅을 짚고 일어나듯 인욕하는 과정 그 자체 속에서 탐진치(貪瞋癡) 삼독심(三毒心)을 정화하며 마음을 안주(安住)시켜 깨달음을 얻는 것입니다.

그래서 부처님은 네 가지를 참고 견딤으로써 대승(大乘)을 보다 빠르게 성취할 수 있다고 말씀하셨습니다.

"첫째로는 비록 꾸짖고 나무라는 사람이 있어도 그 말
에 노여워하지 않고, 둘째로는 설령 때리는 이가 있다 할
지라도 그에 맞서 대항하지 않으며, 셋째로는 비방하거나
훼방을 놓는 자가 있어도 마치 귓가에 바람이 지나간 듯
생각하며, 넷째로는 자신을 해치려고 하는 사람을 항상 불
쌍히 여겨야 한다."

　인욕은 이와 같이 노여움을 거두고 맞서지 않으며, 무심
하고 담담하여 바람과 같이 여기며, 자신을 해치고자 하는
사람까지도 자비심으로 포용하는 것입니다.

　생활 속에서의 인욕바라밀이란 상대와 내가 서로 뜻이

맞지 않을 때 자신의 견해를 내려놓고 언제나 양보하며 상대를 이해하려고 노력하는 것을 말합니다. 상대의 뜻과 마음을 살펴 언제나 편안하게 해주고, 그 뜻에 맞추어 주려고 정성을 다하는 것을 말하는 것입니다.

자기의 견해와 욕구를 내려놓고 언제나 상대방을 우선하자면 인욕(忍辱)하는 마음, 즉 참고 인내하는 마음이 근본이 되어야 합니다. 모든 불보살님들께서 일체중생의 근기에 맞추어 대자대비심으로 제도해주시듯 시부모와 남편, 아내와 자녀의 뜻에 언제나 수순(隨順)해주면서 서로 조화를 이루어 함께 성불의 길로 나아가는 것이 인욕바라밀인 것입니다.

상대의 허물을 찾기보다는 언제나 자신의 허물만을 살피고 참회하면서 인욕해나가는 노력 속에서 가정의 화목이 생겨납니다. 인욕바라밀은 가족 모두가 본심을 깨닫도록 이끌어주는 무량한 복덕(福德)이 됩니다.

육바라밀 가운데 네 번째는 정진바라밀입니다.

정진(精進)이란 심신을 가다듬고 힘써 선(善)을 행하며 불도(佛道)를 닦아 나아가는 지속적인 힘을 말합니다. 또한 금생에 만난 소중한 인연들을 순조롭게 다스려나가기 위한 힘을 기르기 위해 수행하는 것을 말합니다. 그래서 간경·염불·주력·기도·참선 수행을 끊임없이 해나가는 부단한 노력을 정진바라밀이라고 합니다. 이렇게 해나가기 위해 한 달에 최소 두 차례 이상은 수행처인 사찰을 찾으려고 노력하는 것도 정진바라밀이라 할 수 있습니다.

부처님은 이렇게 말씀하셨습니다.

"태어난 것은 반드시 소멸하는 것이므로 방일(放逸)하지 말라. 방일하지 않음으로써 나는 정각(正覺)에 이르렀다. 무량한 선(善)을 낳는 것도 방일하지 않음에서 비롯하는 것입니다."

육바라밀 가운데 다섯 번째는 선정바라밀입니다.

'선정(禪定)'의 첫 글자인 선(禪)이란 모든 번뇌가 쉬어 일체의 미세 망념도 일어나지 않는 것을 일컫는 말입니다. 선정이란 경계에 당하여 일어나는 망상을 항복받는 방편인 소승관·대승관과, 일체의 추번뇌·세번뇌 모두를 항복받는 최상승관을 일컫는 것입니다. 선정바라밀이란 바로 이 최상승선법을 닦는 데서 생겨나는 힘을 뜻합니다.

그러나 최상승의 경지에 바로 들기가 쉽지는 않으므로 궁극적인 선정바라밀 외에 방편적으로 선정바라밀이라고 하여 경을 읽고 염불하고 주력하고 기도하고 참선하는 데서 생겨나는 힘을 일반적으로 통칭합니다.

육바라밀 가운데 여섯 번째는 지혜바라밀입니다.

'지혜(智慧)'는 어리석음을 돌이켜 모든 진리를 밝게 아는 것을 말합니다. 일체의 법(法)에 통달하여 득실(得失), 옳고 그름(是非)을 바르게 분별하는 마음의 작용입니다. 또한 지혜바라밀은 위의 다섯 가지 바라밀을 실천하는 정도에 따라 나타나는 힘입니다.

지혜바라밀을 통하여 삶의 행복감이 늘어납니다. 부처님의 법은 일체중생을 참으로 행복하게 하는 법입니다. 수행을 통해 번뇌 망식이 점차로 가라앉으면 참으로 지혜로운 본마음이 드러나고, 본 마음이 드러난 만큼 행복감이 드러납니다.

지혜의 힘과 행복감은 매년 갑절씩 늘어납니다. 1년이 지나면 두 배, 2년이 지나면 네 배, 3년이 지나면 여덟 배, 이런 식으로 늘어서 16배, 32배, 64배, 128배, 이렇게 놀랄 만큼 커집니다.

이런 힘에 의지하여, 1년 걸려 성취하던 것이 반년으로 줄어들고, 반년을 노력해야 성장하던 것이 석 달 만에 이루어지며, 석 달을 애써야 성취되던 행복감이 한 달 만에 진정한 행복으로 성취되게 됩니다.

그래서 궁극적으로는 일체 번뇌가 없는 경지, 자신의 본래 마음자리를 찾게 됩니다. 그것은 일체의 관념을 초월한 경지이며 전도몽상을 벗어나 참사실을 깨달은 경지입니다. 망상, 즉 식심(識心)을 자기 마음으로 삼고 사는 상태에서 벗어난 경지이며 미혹된 마음인 미신(迷信)에서 벗어난 경지입니다. 외도와 삿된 신통의 경계에 속지 않고 자신의 본심을 바르게 찾는 경지입니다.

육바라밀을 실천함으로써 참으로 부모에게 효도하며 부부간에 오순도순 살며, 자식을 바르게 기를 수 있게 됩니다. 육바라밀은 진정한 삶의 가치와 행복의 원천으로서 본마음 바탕입니다. 육바라밀 수행을 통하여 궁극적으로 도달하는 피안의 세계, 다시 말해 해탈 열반의 세계를 성불(成佛)이라고 합니다. 또한 원각·해탈·대각·자성불·열반·중도·금강심·진리·자아완성·참되고 바른 도(道)라고 합니다.

제 9 장

# 현대 과학

부처님은 완벽하게 깨달은 눈으로 사물을 보시고 이 세계를 꿰뚫어 보셨습니다. 그러나 과학자들은 자신들의 눈·귀·코·혀·몸·뜻의 감각에 의지하여 사물을 봅니다. 사람들은 일초 동안 육만 삼천 번을 거칠게 뛰는 번뇌 망상의 관념 작용에 의지해 살아갑니다. 과학자들은 이런 관념 작용을 가진 상태에서 지식(知識)과 생각에 의존하여 사물을 연구하고 분석합니다.

깨달음을 얻으신 부처님은 이미 2,500년 전에 현대 과학보다 더 명확하게 우리가 사는 이 세계와 온 우주의 실상을 밝혀주셨습니다. 지금처럼 과학이 고도로 발달하기 전에는 부처님의 말씀을 이해하지 못했기 때문에 근거가 없다거나 미신(迷信)이라거나 과장되어 있다는 얘기를 많이 했습니다. 그러나 현대로 들어서면서 발달된 인지(人知)와 과학 장비 덕분에 부처님의 말씀이 사실 그대로의 진리라는 것이 속속 밝혀지고 있습니다.

부처님은 깨달음을 얻으신 후에 이렇게 말씀하셨습니다.

"깨달은 눈으로 보니 한 방울의 물에도 팔만 사천 생명체들이 있다. 또 모공 하나하나에는 구억(九億)의 생명체들이 산다."

당시에는 세포나 세균의 개념이 없었지만 2,500년 전의 부처님께서는 밝은 사실을 그대로 깨달은 분이었기 때문에 모든 것을 훤히 아시고 계셨던 것입니다.

서양의 과학자들이 눈에 보이지 않는 생명체인 세균의 존재를 알게 된 것은 불과 200여 년 전의 일입니다. 그 전까지는 불자(佛子)들마저도 부처님의 말씀이 그저 경전상에 나왔으므로 그렇겠거니 하고 신앙적으로 믿었을 뿐, 그것이 참사실을 드러낸 말씀이라는 것은 몰랐습니다.

그러나 현미경 등의 관찰도구가 생겨난 후 비로소 세균의 존재가 밝혀지면서 한 방울의 물에 팔만 사천 생명체가 산다는 부처님의 말씀이 있는 그대로의 사실이라는 것이 증명되었습니다. 부처님께서는 별다른 관측도구도 없이 불안(佛眼)으로 이미 2,500년 전에 실상(實相)을 명확히 보셨던 것입니다.

부처님이 과학보다 앞서서 우리가 사는 이 세계의 사실 그대로의 이치를 드러내 보인 것은 일일이 다 열거할 수 없을 정도로 많습니다. 이것이 현대 과학에 의해 하나씩 증거되면서 불교의 위상이 갈수록 높아지고 있습니다. 현대 과학은 불교가 참사실이라는 것을 증명함으로써 불교 발전에 매우 큰 도움을 주고 있습니다.

하지만 현대 과학이 가진 한계도 있습니다. 고도로 발달했다고는 하지만 부처님의 깨달음에 비한다면 과학은 아직 그 수준이 낮기 때문에 경전상의 말씀을 모두 따라가지 못합니다. 그런데도 과학을 진리의 척도로 믿는 요즘 사람들은 과학의 좁은 견해를 그대로 수용해서 부처님의 법보다 과학적 판단을 앞세웁니다. 심지어 포교사들조차 부처님의 말씀보다 과학적 지식을 우선시하여 마치 과학이 진리인 것처럼 생각합니다.

하지만 과학은 결코 진리가 될 수 없습니다. 부처님이 드러내신 것과 같이 밝은 사실, 즉 실상을 드러낼 힘이 없기 때문입니다.

부처님은 완벽하게 깨달은 눈으로 사물을 보시고 이 세계를 꿰뚫어보셨습니다. 그러나 과학자들은 자신들의 눈·귀·코·혀·몸·뜻의 감각에 의지하여 사물을 봅니다. 사람들은 일초 동안 육만 삼천 번을 거칠게 뛰는 번뇌 망상의 관념 작용에 의지해 살아갑니다. 과학자들은 이런 관념 작용을 가진 상태에서 지식(知識)과 생각에 의존하여 사물을 연구하고 분석합니다.

비유하건대 부처님께서 순수하고 안정된 마음상태에서 사물을 차분히 관(觀)하여 실상을 여실히 꿰뚫어봄으로써 있는 그대로의 사실을 설명해주셨다면, 현대의 과학자들은 일초 동안 고개를 육만 삼천 번이나 격렬히 흔들며 사물을 보고 그 모양과 이치를 파악하는 것과 같습니다. 이것이 부처님의 가르침과 과학의 명백한 차이점입니다.

그렇기 때문에 과학이 아무리 발전해도 유아(幼兒) 수준을 벗어나기 어렵다고 해야 옳습니다. 부처님처럼 일체의 관념 작용을 쉬고 실상을 바르게 파악할 힘이 없기 때문입니다. 그러므로 과학이야말로 정녕 미신(迷信)입니다. 세계의 실상과 진리를 제대로 알지 못하면서 다 알고 있다고 여기는 미혹된 마음입니다. 정작 과학자들은 이런 사실을 모릅니다. 그래서 자신들이 알고 있는 것이 참으로 사실이며 진리라고 판단합니다. 사람들은 과학자들의 판단을 맹목적으로 따라갑니다. 현대 과학은 마치 신형 외도(新形外道)와도 같습니다.

눈에 보이지 않는 영계(靈界)의 현상과 질서에 대해 얘기하면 과학은 그것이 매우 비합리적인 현상이라고 합니다. 귀신(鬼神)에 대해 얘기하면 그런 존재가 어디 있느냐고 합니다. 나중에 과학이 더 발달하여 눈으로는 보이지 않는 영(靈)을 찍는 카메라 등이 나오면 그때에야 비로소 인정할 것입니다.

현대 과학은 부처님의 과학적인 이치가 사실 그대로 드러나 있는 관상학(觀相學)도 근거가 없는 것이라고 말합니다. 하지만 관상은 과학보다도 훨씬 더 과학적인 진리입니다. 중생들이 본마음을 등지고 수천만 겁을 헤매고 돌아다니면서 지은 선업(善業)과 악업(惡業)의 결과가 중생들의 얼굴·골상·머리카락 구조·소리·냄새에 이르기까지 모든 형상에 하나도 빠짐없이 기록되어 있기 때문입니다. 관상이야말로 중생들의 인과(因果)의 기록장부인 셈입니다. 그렇기 때문에 관상 하나만 제대로 읽어도 모든 것은 자신이 심고 자신이 거둔다는 인과의 도리가 그대로 드러납니다. 오히려 과학보다도 더 사실적으로 실상을 드러내는 것이 관상인 것입니다.

과학자들은 우주가 150억 년 전에 생겼다고 주장하는데, 이 인과의 장부만 깊이 뚫고 들어가도 수천만 겁에 이르는 세월의 흐름이 다 나오기 때문에 우주가 생긴 것이 150억 년이라는 얘기는 하지 않을 것입니다. 지구의 나이는 그 정도 된 것이 맞습니다. 하지만 우주의 나이는 아닙니다. 앞으로 과학이 한참 더 발달해야 과학자들은 자신들의 주장이 틀렸다는 것을 깨닫게 될 것입니다.

부처님은 2,500년 전에 깨달음을 얻으신 이후 일체중생들을 위하여 지극한 자비심으로 그 진리들을 설해놓으셨습니다. 그런데 과학자들은 현재의 과학 수준으로 증명이 되지 않는 것은 모두 미신이라고 여김으로써 부처님께서 설명하신 실상의 법칙들, 중생들에게 참으로 이익이 되는 말씀들을 쓸모없도록 만듭니다.

그렇기 때문에 불자들은 현대 과학의 한계를 잘 이해하고 경전 상에 나타난 부처님의 가르침을 우선적으로 믿고 따르는 것이 필요합니다. 그래야만 자기 삶에 참다운 이익이 있고 일체중생에게도 이로운 삶을 살 수 있게 됩니다. 부처님의 말씀이야말로 밝은 이치, 참으로 사실적인 이치입니다. 부처님의 말씀이야말로 과학 중에서도 과학입니다. 부처님의 말씀 가운데는 진리가 아닌 것이 없기 때문입니다.

제
10
장

영가와 장애와 신기(神氣)

어떤 짓을 했든 미워할 중생은 하나도 없습니다. 어리석어서 그랬을 뿐이고 잘 몰라서 미혹된 경계에 빠져 있을 뿐입니다. 일체중생을 하나도 남김없이 구제해주는 것이 불법(佛法)입니다. 마치 열 살도 안 된 자식처럼 따뜻하게 다독거려 일체중생을 제도하는 것이 바로 보살행(菩薩行)입니다.

현대의 과학은 물질적인 분야에서는 상당히 많은 성과를 거두고 발전해왔지만 정신적인 분야나 영혼의 세계 등에 대해서는 아직까지 아는 것이 많지 않습니다. 그래서 보다 깊은 의식의 차원이나 영적(靈的)인 현상에 대해 얘기하면 전혀 알아듣지 못하거나 미신(迷信)이라고 합니다.

　현대 과학으로는 아직 증명을 할 수 없지만 현상계·물질계를 초월하지 못한 분상에서는 지옥이나 천상이 존재하며 귀계(鬼界)도 있습니다. 깨달음을 얻으면 일체가 공(空)하므로 이런 세계가 벌어지지 않지만, 중생들이 관념에 의지하여 현실을 있다고 믿는다면 영계(靈界)·천상계(天上界)·극락(極樂)·지옥(地獄)도 모두 있는 것이 됩니다.

　깨달음을 얻은 자리에서 본다면 아미타부처님이 계신 서방정토 극락세계까지도 중생들의 업, 즉 관념이 만들어

낸 허상입니다. 그래서 『원각경』에서는 '모든 부처님 세상일지라도 허공에 아물거리는 꽃과 같다'고 했습니다. 불국토가 허공꽃에 지나지 않는데, 천상신들이 사는 천상계가 따로 있으며 지옥과 귀계가 따로 있겠습니까? 깨달은 눈으로 보면 일체가 공(空)하여 모두 없는 것입니다.

깨닫지 못한 중생들의 분상에서 볼 때에는 엄연히 존재하는 귀계(鬼界)에도 법과 질서가 있습니다. 인간계에서 나름대로의 법도와 질서를 정해놓고 그것을 어기면 사회적 관습에 의해 제재를 가하거나 법률에 의지하여 벌을 주듯 귀계에서도 마찬가지입니다. 하지만 사람으로서는 귀계의 질서를 알 수가 없으므로 종종 그것을 어기게 됩니다. 그러면 법을 어겼다고 해서 귀계의 중생들이 인간에게 좋지 않은 영향을 미칩니다. 현대 과학은 이런 세계를 이해하지 못하기 때문에 미신(迷信)이라고 하겠지만 중생계에서는 이러한 도리가 어길 수 없게 착착 돌아가고 있습니다.

그래서 모든 것은 정해진 형식, 법도를 지키는 것이 좋습니다. 유가(儒家) 풍속에 따라 집안에서 조상님들의 제사를 모시는 데도 정해진 법도가 있습니다. 요즘은 제사를 그다지 중요하지 않게 여기기 때문에 편의(便宜)를 따라

큰집 갔다가 작은집 갔다가 제 마음대로 하는데, 유가법
(儒家法)도 법이기 때문에 그렇게 하다가는 그것이 허점
이 되어 화(禍)가 쳐들어오게 됩니다. 질서를 어겼다고 귀
계중생들의 노여움을 사게 되는 것입니다. 그러나 부처님
법 안에서, 절에서 부처님과 조상님께 정중히 고하고 약속
을 바꾸거나 질서를 변경하면 괜찮습니다.

모든 것이 다 법의 흐름이 있습니다. 제멋대로 하는 것
이 아닙니다. 집에서 신주(神主)를 모시거나 다른 종교를
믿다가 불교로 개종을 하는 이들이 있습니다. 이럴 때 자
신이 모시던 신주나 성물(聖物) 등을 모두 불태우거나 내
버리는 경우가 있는데 그러다가는 큰일납니다. 거기에 접
한 귀신이나 잡신(雜神)이 있기 때문에 함부로 했다가는
큰 환란이 일어납니다. 그럴 때는 절에 모셔 와서 부처님
법에 따라 잘 처리하는 것이 좋습니다.

사람들이 병(病)에 걸렸을 때 현대인들은 병원의 치료
에만 의존하지만, 불교적으로 보았을 때에는 그 원인이 바
로 귀계의 영향에 있는 경우가 많습니다. 귀계의 질서를
어겨서 벌을 받거나, 선망(先亡) 부모형제가 구해달라고
하소연을 하기 때문에 병이 나는 것입니다. 영가에게 집착

심이 남아 제 갈 길을 가지 못하고 떠돌면서 후손들 주변을 맴돌아도 재앙이 닥쳐옵니다. 후손들이 하는 일마다 잘 안 풀리고 몸에 병이 생기는 것입니다. 이것을 불교에서는 '영가장애'라고 합니다.

영가장애에 대해 설명하고 구제 방법을 설해놓은 곳은 매우 많지만 부처님 정법 가르침에 기준해서 바르게 풀어가는 곳은 드뭅니다. 영가장애가 있을 때 선망 조상님들을 위해 부처님의 가르침을 담은 경을 읽어드리고 천도재를 올려드리면 큰 힘이 되고 영가장애가 무난히 잘 풀릴 수 있습니다.

질병이 심할 때에는 '구병시식(救病施食)'을 하는 것이 좋습니다. 구병시식은 마치 귀신을 쫓는 의식인 것처럼 알려져 있지만 그렇지가 않습니다. 구병시식은 사람이 귀계의 질서를 잘 모르고 어겼으니 부디 용서해달라는 참회의 뜻으로 올리는 불공 의식입니다. 그러므로 구병시식을 할 때는 용서를 구하는 마음으로 해야 하는데, 귀신을 쫓아낸다고 무당 같은 마음을 가지고 시식을 하는 이들이 있습니다. 그럴 경우 구병시식 재자(齋者)는 병이 나았는데 영가가 법사에게 씌워서 애를 먹게 되기도 합니다.

부처님 법은 대자대비한 것이고 일체중생의 근기에 수순(隨順)해주는 법이기 때문에 말썽을 부리는 '깡패귀신'이든 '무당집 귀신'이든 모두 받아들여서 베풀어 먹이고 따뜻하게 보듬어서 부처님의 밝은 가르침으로 인도하는 것입니다. 깡패귀신이라고 해서 부처님 문중에서조차 발길로 걷어 차버린다면 그 중생들은 어디로 가겠습니까? 그럴수록 따뜻하게 베풀어 먹이고 개과천선하는 법을 일러주어서 본마음을 깨닫고 함께 성불하도록 해주어야 합니다.

무당들은 귀신을 쫓아버리는 법을 씁니다. 불교나 기독교 등의 종교를 믿으며 기도를 하다가 무당이 되는 경우가 무척 많습니다. 기도를 하다가 식(識)이 맑아지면 남의 생각이나 미래를 알게 되는데, 그것이 무슨 대단한 능력인 줄 알고 써먹으면 매(昧)해서 정신이 희미해지게 됩니다. 그때 자꾸 힘을 달라고 구하는 기도를 하면 '내가 부처다', '내가 하나님이다' 하면서 잡신이나 깡패귀신이 들어오게 됩니다. 염불이나 기도를 할 때 정견(正見)을 가지고 바르게 해야 하는데 요즘 사람들은 대부분 삿된 마음으로 염불과 기도를 하기 때문에 이런 경계에 걸려들기 쉽습니다.

　기도를 하다가 무당이 되는 일이 없게 하려면 우선은 정법 도량에서 바르게 기도를 해야 합니다. 그리고 식(識)이 맑아지는 경계가 났을 때에는 부처님이 50가지 변마(辯魔)에 대해 설해놓으신 『능엄경』을 읽고 스스로 경책을 하거나 선지식에게 세밀히 물어가야 합니다. 또 기도나 염불을 사다리, 즉 방편 삼아 하더라도 종국에는 화두를 들어서 이런 기운들이 붙지 못하게 해야 합니다.

기도를 해도 언제나 선(禪)의 사상에 의지하여 바르게 해야 합니다. 선(禪)의 사상은 중생들이 관념과 번뇌 망상을 의지해서 건립하는 허상의 세계를 부수고 참된 진리를 명확하게 드러내는 것입니다. 또한 어둠을 밝혀 밝은 이치를 드러내는 것입니다.

그렇기 때문에 선의 사상에 의지하여 바르게 기도한다면 이런 어두운 귀신 기운이 붙을 수 없고, 설혹 와서 뒤흔든다고 해도 그것이 허상임을 알아 자기중심을 잘 지키고 앞만 보며 똑바로 나가기 때문에 이런 경계에 팔리지 않습니다.

삿되게 기도를 해서 무당이 되었을 때 제법 영특한 고급 신이 들리면 알아맞히기도 잘하고 여러 가지 능력도 생기지만 그것도 오래 못 갑니다. 3년이 지나면 신(神)이 권태증을 내어 자기보다 낮은 수준의 신에게 무당을 인계하고 가버립니다. 그렇게 20년 동안 일곱 번 정도만 귀신이 번갈아들면 나중에는 수준이 매우 낮은 귀신에게 씌게 됩니다. 저질 귀신이 접하면 점도 하나도 안 맞고 진저리가 날 정도로 혹독한 시집살이를 당하게 됩니다.

큰무당은 고급 신을 위하면서 자기보다 힘이 약한 귀신

들을 두들겨 내쫓아버립니다. 이렇게 자기보다 약한 귀신이라고 해서 함부로 내쫓는 일을 밥 먹듯이 하다가 나중에 큰 봉변을 당하게 됩니다. 무당이 힘이 셀 때는 못 덤비다가 세월이 흘러 저질 신이 씌었을 때 그간 쫓겨났던 약한 귀신들이 원한을 갚겠다며 모두 합세해서 쳐들어와 작살을 냅니다. 하지만 부처님 법은 이런 것이 없습니다. 전부 자비심으로 안아 들이고 부처님 법을 일깨워주어 밝은 길을 걷게 함으로써 구제를 해주기 때문에 그런 원한이 없습니다.

무당의 세계에 대해 말하면 비과학적이라고 할 것입니다. 하지만 전 세계를 살펴볼 때 무당이 없는 나라는 하나도 없습니다. 과학적으로 증거만 하지 못할 뿐 실제 일어나고 있는 현상인 것입니다. 요즘은 신세대 무당이라고 해서 대학까지 다 마친 인텔리 무당들도 있고 연예인 무당들도 있습니다. 무당에 대해 말하면 미신(迷信)이라고 배척하지만 이렇게 세계 도처에서 찾아볼 수 있는 현상을 눈가리고 아웅하는 식으로 없다고 믿는 것이야말로 미신입니다. 말 그대로 어리석은 믿음인 것입니다.

무당이 되어 불상을 모셔놓고 점을 치면서 살더라도 자

살하는 것보다는 낫습니다. 점을 치고 굿을 해서 번 돈을 좋은 곳에 쓰면 그것이 복이 되어 귀신 시집살이를 해도 그 힘으로 그럭저럭 유지를 해나갈 수 있습니다. 수행하는 스님들 뒷바라지를 한다든지, 또 나름대로 착한 일을 한다든지 해서 복을 자꾸 지으면 그 복력(福力)으로 그나마 고생을 조금이라도 덜하게 됩니다.

이런 귀신 기운이 들어왔을 때에는 부처님 법에 의지하여 자신을 정화하여야 합니다. 이런 기운을 절대로 미워해서는 안 됩니다. 어떤 중생이든 자신을 미워하는 것은 싫어합니다. 어쨌든 인연이 있어서 들어온 것입니다. 과거 전생에 '그런 기운이 들어오소서' 하고 스스로 청하는 기도를 해서 들어온 것입니다.

산신기도나 칠성기도를 잘못된 방법으로 하며 '내 손이 약손이 되게 해주십시오' 하는 등 능력을 구하는 이들에게 자칫하면 이런 기운이 들어오게 됩니다. 금생에 이런 기운이 안 들어오면 내생에라도 받게 됩니다. 그때에 싫다고 거부하면 들어오라고 청할 때는 언제고 이제 와서 함부로 내쫓으려고 하느냐고 애를 심하게 먹입니다. 나갈 때도 그냥 나가지 않습니다. '너 죽고 나 죽자'고 아주 작살을 냅니다. '네가 청해서 들어왔는데 자꾸 쫓아내니 괘씸하다. 이왕 나갈 바엔 너를 죽여 놓고 가겠다.'라고 고난(苦難)을 주는 것입니다. 그래서 한번 신기(神氣)가 들면 그것을 벗어나기가 무척 어렵습니다. 하지만 부처님 정법에 의지하여 서서히 풀어나가면 벗어날 수 있습니다.

귀신 기운이 있으면 그것을 미워하지 말고 부처님 법을 일러주어 개과천선을 시켜야 합니다. 그래야만 비로소 신기를 이겨낼 수 있게 됩니다. 자신이 청해서 들어온 인연이나 부처님 법에 함께 귀의해 같이 성불하자는 대자비의 마음으로 경을 읽어주어야 합니다.

경을 읽어줌으로써 '당신은 귀신이니 귀계(鬼界)로 가야 한다.'고 바른 이치를 알려주는 것입니다. 학생이 공부도 안 하고 어른 흉내를 내며 집안일에 간섭하면 어떻게 되겠습니까? 자기 자리를 멋대로 벗어나서 자기 할 일도 하지 않는 사람들이 많으면 어떻게 되겠습니까? 자기 망하고 집안 망하고 나라 망하고 마침내는 지구가 망합니다. 모두 자기 자리에서 자기 일에 충실해야 합니다. 귀신에게도 이런 도리를 일러주는 것입니다.

무엇보다도 가장 중요한 것은 인과법을 일러주는 것입

니다. 자기가 지은 대로 받게 되어 있는 인과법을 자꾸 일러주면 귀신도 함부로 행동하지 않게 됩니다. 그래서 『지장경』을 읽고 천도재를 올려주면 좋습니다. 『지장경』에는 인과의 도리가 세밀히 들어 있고, 천도재를 올릴 때 독경하는 시식문(施食文)은 부처님의 가르침을 그대로 담은 심지법문(心地法門)입니다.

경을 여러 번 읽게 되면 그 내용이 사람의 머리에서 계속 돌아가게 됩니다. 그러면 귀신은 그 생각을 들여다보고 인과의 도리를 깨닫게 됩니다. 이렇게 부처님 법을 차근차근 가르쳐서 불법에 귀의하도록 해주면 좋은 법을 만나게 해주어서 참으로 고맙다고 하면서 귀신이 그 사람을 은인으로 모십니다.

귀계중생이든 지옥중생이든 부처님의 자비심으로 따뜻하게 안아 들일 수 있어야 합니다. 무당집 귀신, 말썽부리는 깡패귀신, 떠돌아다니는 거지귀신이라고 무시하고 함부로 내쫓는 것은 부처님의 법이 아닙니다. 하나도 남김없이 따뜻한 품으로 안아 들여 배고프다고 하니까 우선 먹여주고, 그 후에는 부처님의 법을 차분히 일러주어 자신의 잘못을 깨닫고 개과천선을 하도록 도와주어야 합니다.

어떤 짓을 했든 미워할 중생은 하나도 없습니다. 어리석어서 그랬을 뿐이고 잘 몰라서 미혹된 경계에 빠져 있을 뿐입니다. 일체중생을 하나도 남김없이 구제해주는 것이 불법(佛法)입니다. 마치 열 살도 안 된 자식처럼 따뜻하게 다독거려 일체중생을 제도하는 것이 바로 보살행(菩薩行)입니다.

제
11
장

선어록
(禪語錄)

부처님의 법은 공자님이 어린아이의 수준을 맞추어주었듯이 일체 중생들의 근기에 참으로 진실되게 따라줍니다. 비록 당장은 실상(實相)에 다소 어긋날지라도 중생계의 법(法)을 그대로 인정해 주는 것입니다.

# 법어(法語)

부처님 오신 날의 뜻을 알고 싶은가?
밑바닥까지 티끌을 벗어
그 마음을 허공(虛空)처럼 깨끗이 해야 하느니라.
부처는 능정(能淨)이라, 알겠는가?


오호라! 슬프다.
고인(古人)이 한 화살에 수리 두 마리를 잡았다고 하나
나는 화살을 쏜 일도 없는데
양귀비 입술보다 붉은 꽃잎이 바람에 날리네.


한 번 만난 님은 다시 돌아오지 않는데
오늘도 나뭇가지에 부는 바람소리
광음(光陰)이 스쳐간 흔적(痕迹)이 역력하니
납승(衲僧)의 인생(人生)이 아득하고 깊구나.

그대는 태백산으로 가고

나는 진헐암(眞歇庵)으로 간다.

언제나 길 없는 길이 열리는구나.

# 서장(書狀)

옛 어른들이 이르시기를 '선방에 가려거든 『서장(書狀)』이나 보고 가라'고 하셨습니다. 화두 학자가 걸리기 쉬운 병통을 조목조목 지적하고 점검해놓은 책으로, 화두 공부를 하는 데 큰 도움이 되기 때문입니다. 그런데 요즘은 『서장』자체를 잘못 해석하고 있어서 읽으나마나 한 책이 되었습니다.

"화두만 바로 할 일이지, 왜 깨달았다는 생각을 붙여서 시키면 귀신굴에 처박히느냐?"

"너의 답은 체(體)에 치우친 것이다. 너의 답은 용(用)에 치우친 것이다. 깨달음이 아니니 다시 공부해라."

이렇게 화두 학자들이 병통에 걸린 것에 대해 스님이 편지로 거래하며 바로 잡아준 내용을 책으로 묶은 것이 『서장』입니다.

화두만 부지런히 하면 자연히 그 뜻이 불거지므로 깨치

기를 기다리지 말고 순수하게, 또렷또렷하게 화두만 지어가면 됩니다. 화두를 할 때는 깨닫겠다는 생각이 앞서면 안 됩니다. 그 생각도 망상이기 때문에 오히려 방해만 됩니다.

경계가 나더라도 깨달았다는 생각을 내지 말고 행주좌와 어묵동정에 항상 의단이 놓쳐지지 않는 것을 안으로 비춰보면 됩니다. 그런 살림이 없으면서 견성을 했다고 하는 것은 도깨비굴에 들어가 앉은 것입니다. 그것은 선이 아니라 사기(詐欺)라고 해도 괜찮습니다.

그것을 대혜 스님은 『서장』에서 묵조사선(默照死禪)이라 하여 경책하신 것입니다. 대혜 스님은 『서장』에서 묵조사선을 치신 것이지 조동종 정통 묵조선을 치신 것이 아닙니다. 참으로 묵조선은 간화선이나 같아서 은산철벽이 되어가는 것입니다. 화두가 참으로 타파가 되면 그것이 진묵조(眞墨照)입니다. 그 뜻을 바르게 간파하는 것이 화두입니다.

『서장』에 나타난 원래의 내용은 이와 같은데, 요즘은 『서장』을 뒤집어 해석해서 묵조선 다르고 간화선 다르다고 사견(私見)을 붙입니다.

묵조사선은 이미 거꾸러진 선이기 때문에 서로 다르고 말고 할 것도 없습니다. 또 일구선은 상대되는 것이 없습니다. 상대가 끊어졌는데 어떻게 반대가 되겠습니까? 간화선의 반대되는 선이 있다면 그것은 상대성에 떨어지는 것입니다.

# 돈오돈수와 돈오점수(돈오보림)

　부처님은 마음이 횡으로 종으로 온 우주에 꽉 차 있다고 하셨습니다. 그러니 어디서 죽어가며 어디서 오겠습니까? 오가는 거래(去來)가 끊어지게 됩니다. 이런 이치를 먼저 요달해서 깨닫는 것을 청정법신 비로자나불을 친견한다고 합니다. 그것이 견성입니다.　그 다음에는 원만보신 노사나불을 성취해야 합니다. 그것이 보림(保任)입니다. 보림을 다 해 마치면 능력을 다 갖추는 것입니다.

　석가모니 부처님만이 이변(理辯)과 사변(事辨)으로 돈오돈수(頓悟頓修)한 분이고 역대 조사는 돈오보림을 하셨습니다. 이것을 이해하기 쉬운 말, 방편적인 말로 표현하여 돈오점수(頓悟漸修)라고 합니다.

　역대 조사는 부처님과 같이 그렇게 천백억 화신(化身)을 나툴 수가 없습니다. 삽삼(33)조사까지는 18변신(變身)을 하고 엄청난 신통력을 보이셨으나 부처님과 같은 엄청난 위력은 보이지 못했습니다. 그것이 역대 조사가 부처님보다 모자라는 점입니다. 그것을 보충하는 단계를 선가(禪家)에서는 보림이라고 합니다. 보림은 격외의 말, 조사 문중의 표현입니다. 그것을 보조 스님은 교가(敎家)의 말, 즉 보다 이해하기 쉬운 방편의 말로 표현하여 점수(漸修)라고 하셨습니다.

보조 스님의 점수는 증오점수(證悟漸修)와 해오점수(解悟漸修), 두 가지로 나뉩니다. 증오점수라는 것은 증오보림이라는 뜻입니다. 견성한 후의 보림이라는 말을 할 때는 이것은 격(格)이 매우 다릅니다. '닦는다는 생각이 없는 닦음'이기 때문입니다.

해오점수는 이치로는 깨달았는데 증득을 못하였으므로 점차로 수행을 하여 증득해야 하는 것을 일컫는 말입니다.

# 귀신이 들여다보는 공부를 하느냐?

귀신은 사람의 생각을 들여다볼 수 있는 능력이 있습니다. 귀신은 자기가 쓴 졸필과 서예가가 쓴 달필을 비교해서 보듯이 자기 생각과 사람의 생각을 비교합니다. 그래서 자기보다 좋은 생각을 많이 하고 순수하면 존경심을 내지만, 사람의 생각이 오히려 자기만 못하면 비웃습니다.

염불을 하는 스님이 염불도 잘하고 계행도 잘 지키면 귀신들이 공경심을 내고 우러러보면서 줄줄 따라다닙니다. 대승경전을 읽어도 마찬가지입니다. 그렇기 때문에 경을 읽어서 생긴 알음알이를 가지고 살림을 하면 귀신이 그 얕은 속을 빤히 들여다보고 허물을 잡습니다.

그런데 화두 학자는 생각에 의지하지 않기 때문에 화두만 바로 들면 절대로 귀신이 들여다볼 수가 없습니다. 그래서 귀신이 별다른 공경심도 내지 않습니다. 화두 학자는 염라국의 업경대에도 나타나지 않습니다. 쉽게 말해 레이 더망에 걸리지 않는 것입니다.

그래서 예부터 스님들이 제자들을 경책하실 때 이렇게 말씀하셨습니다.

"네가 지금 고작 귀신 눈에 띄는 공부를 하고 있느냐?"

공부 축에도 못 든다는 아주 따끔한 경책입니다.

# 청계천 물과 증류수

바글바글 끓어 넘치는 중생들의 번뇌 망상은 아무짝에
도 쓸모가 없습니다. 청계천 썩은 물과 같은 중생들의 번
뇌 망상은 수없이 말썽을 일으키고 가는 곳마다 혼란만 일
으킵니다.

번뇌 망상은 눈에 들어가면 눈병이 되고, 입에 들어가면
단박에 배탈이 나는 탁한 청계천 물처럼 어지럽게 작용합
니다. 이것을 참선법으로 정화시켜야 합니다. 더러운 청계
천 물을 깨끗하고 순수한 증류수로 정화시키는 것입니다.

증류수는 눈에 넣어도 좋고, 혈관에 넣어도 안전하고,
근육주사를 놓아도 말썽이 없습니다. 선문(禪門)에 들어
자신을 정화한다는 것은 마치 탁한 청계천 물을 증류수로
만드는 것과도 같습니다.

# 도사(道士)와 도사(導師)

부처님은 깨달음을 얻으시고 맨 처음 이렇게 말씀하셨습니다. "내가 깨달은 눈으로 너희들의 본심을 보니 나와 조금도 다를 바 없는 힘을 다 갖추었다."

이것을 두고 '구유여래 지혜덕성(具有如來智慧德性)'이라고 합니다. 중생들이 여래의 덕성을 모두 갖추었다는 뜻입니다.

이렇게 부처와 중생이 서로 다르지 않고, 부처님은 다만 먼저 깨달은 선각자(先覺者)로서 중생을 깨달음의 길로 인도하시는 분이기 때문에 부처님을 '도사'라고 표현할 때는 '인도할 도(導)' 자를 써야 합니다.

"나는 결코 특별한 사람이 아니다. 너희들과 똑같기 때문에 내가 특별할 것이 하나도 없다. 본심을 등지고 헤매는 너희들을 본마음자리로 인도하는 안내자일 뿐이다. 그러니 나를 어렵게 생각하지 말아라."

이것이 부처님의 가르침이기 때문에 '도사(道士)'가 아니라 '도사(導師)'가 되어야 옳습니다. 부처님은 이처럼 가깝고 친밀한 존재입니다.

# 보현보살님의 서원

『화엄경』에는 '보현행원품'이란 경이 있습니다. 보현보살님의 열 가지 서원(誓願)을 담은 경입니다. 서원이란 부처님과의 약속을 뜻합니다.

그 서원 가운데 첫째는 예경제불원(禮敬諸佛願)입니다. 모든 부처님께 예배하고 공경하겠다는 뜻입니다. 둘째는 칭찬여래원(稱讚如來願)입니다. 항상 부처님의 한량없는 공덕을 찬탄하겠다는 원(願)입니다. 이렇게 해서 모두 열 가지의 서원이 차례대로 나오는데, 그 중 아홉째가 중생의 근기를 수순(隨順)해주겠다는 원으로, 항순중생원(恒順衆生願)입니다. 이것은 바로 일체중생을 남김없이 그 근기에 따라 제도하겠다는 서원입니다.

기도 끝에는 항상 '사생육도의 법계 모든 중생들이 지은 죄업장을 지금 내가 참회하옵나니 부디 모두 소멸하여지고 세세생생 보살도를 행하게 하여지이다.' 하고 서원

합니다. 이때 사생육도(四生六道)란 태란습화(胎卵濕化)의 사생(四生)과 지옥 · 아귀 · 축생 · 아수라 · 인간 · 천상의 육도를 함께 일컫는 말입니다. 이처럼 기도하고 예불할 때면 사생과 육도의 중생들 모두를 이롭게 하겠다고 서원하는 것입니다.

인간에게만 치우쳐서 제도하는 것이 아니고 태에 의지하여 생겨나는 태생, 알로 태어나는 난생, 습기에 의지하여 태어나는 세균 등의 습생, 귀신 등의 화생, 이렇게 사생(四生)의 중생과 육도의 중생을 함께 제도하는 것이 보살행입니다. 이러한 보살행을 하는 것은 대승보살의 무한한 서원(誓願)이며 부처님께서 가르치신 불법의 참다운 내용입니다.

근기에 수순해주겠다는 보현보살님의 서원을 본받아 중생계에 가서는 그 수준과 법을 그대로 따라주어야 합니다. 공자님도 그렇게 하셨습니다. 어느 날 공자님의 행렬이 길을 가는데 마침 아이들이 성 쌓기 놀이를 하며 재미있게 노는 장소를 지나게 되었습니다.

공자님의 행렬이 지나가면 성이 무너지게 생겼는데, 놀던 아이들 중 한 명이 아주 용감하게 배를 탁 내밀어 이곳으로 지나갈 수 없으니 행렬이 다른 길로 가야 한다고 요구했습니다. 이 어린이와 하인들이 티격태격 실랑이 하는 소리를 들은 공자님은 아이의 용감함을 칭찬하며 그 장난감 성을 비켜 길을 멀리 돌아서 갔습니다. 비록 부처님의 법은 알지 못했지만 성인 대접을 받는 분인 만큼 넓은 아량을 가지고 어린아이의 기분까지도 맞추어주었던 것입니다.

부처님의 법은 공자님이 어린아이의 수준을 맞추어주었듯이 일체중생들의 근기에 참으로 진실되게 따라줍니다. 비록 당장은 실상(實相)에 다소 어긋날지라도 중생계의 법(法)을 그대로 인정해 주는 것입니다.

중생들은 자기가 집착하는 것을 쳐버리면 반발하고 따라오기 싫어합니다. 그렇기 때문에 중생들의 수준과 한계를 무시하는 것이 아니라 우선 인정해주고 근기에 수순(隨順)해준 다음 차근히 법을 일러주는 것입니다. 중생을 인도하는 방편을 이처럼 올바르게 쓰는 것이 보살입니다. 보살은 마땅히 이런 방편을 써야 합니다.

이것은 사람들이 자라나는 과정과 똑같은 것입니다. 어린 아기가 자라나는 과정에서 잘못을 저지르고 미숙한 행동을 한다고 해서 할머니가 내쳐버리면 어떻게 되겠습니까? 사람들이 하나라도 살아남을 수 있겠습니까? 무사히 잘 성장할 수 있겠습니까?

할머니가 손자를 사랑하듯이 일체중생을 사랑하며 근기에 맞추어 제도해나가야 합니다. 그러면서 모든 중생들을 진리의 세계, 밝은 세계, 자기 본마음을 깨닫는 자리로 이끌어나가면 됩니다. 자신 역시 그곳으로 나아가려고 노력하면서 중생들을 인도해 나가는 것입니다. 이것이 바로 보살의 행(行)이며, '상구보리 하화중생(上求菩提下化衆生)'의 도리입니다.

# 산신기도와 칠성기도

눈에 보이는 것만 현실로 믿는 현대 과학의 영향을 받은 이들이 도량(道場)을 정화한다고 해서 산신탱화, 칠성탱화를 모두 불질러버리는 일들이 있습니다. 이것은 눈에 보이지 않는 차원에서 돌아가는 이치를 모르는 까닭이며, '보현행원품'에 나타난 '중생들의 근기에 수순해준다'는 보현보살님의 서원에 크게 위배되는 행(行)입니다.

옛날부터 내려오는 산신탱화, 칠성탱화는 법도에 맞게 매우 잘되어 있습니다. 거기에 나타난 칠성님은 모두 부처님의 화현(化現) 칠성이고, 산신님도 화현 산신입니다. 그 다음에 거기에 접해 있는 칠성님과 산신님이 있는 것입니다.

사람만 제도하는 것은 보살행이 아닙니다. 사생육도의 모든 중생들을 구제하는 것이 보살행이므로 이들 탱화에 접한 중생들도 함께 구제해야 합니다. 그러므로 도량을 정화한다며 이들 탱화나 전각(殿閣)에 불을 질러버리는 것은 부처님의 가르침과 보살행에 어긋나는 행이 됩니다.

신년(新年)이 되면 사람들은 1년 운세를 봅니다. 믿어서도 보고 심심풀이로도 보고 장난삼아 보기도 합니다. 이때 불공(佛供)드리라는 애기는 별로 안 나오는데 언제쯤 어떤 일이 있겠으니 '산신기도를 해라, 칠성기도를 해라' 하는 이야기는 많이 나옵니다.

산에 가서 허공에 대고 기도를 해서 귀신에 씌거나 잘못되는 경우가 많은데 절집에서 전통적으로 보존해오던 산신각, 칠성각 등에서 기도를 하도록 하면 부처님 화현 칠성, 화현 산신이므로 안전하고, 그것을 인연으로 절집에 발을 들여놓고 부처님의 가르침을 배우는 계기가 되기도 합니다. 1년 운세를 보고 산신기도, 칠성기도를 다니는 사람들의 근기에 수순해주면서 이들을 보호하고 바른 불법으로 이끌어 들이는 좋은 방편으로 삼을 수 있는 것입니다.

이런 도리를 모르고 산신 탱화와 칠성 탱화에 불을 질러 없애버리는 것은 부처님의 법을 매우 좁게 해석하는 것입니다. 사생육도 법계중생을 모두 제도한다는 서원을 매일 입으로 외우면서도 그 근본 뜻을 망각한 것입니다.

# 수행과 포교

수행을 잘해서 맑아지고 착해져서 행복하게 잘살면 그것이 포교입니다. 이웃사람들이 너나없이 모두 와서 그 방법을 배워서 따라하고 싶어 하기 때문입니다. 수행을 잘하면 이렇듯 자연스럽게 부처님의 법을 전하면서 일체중생에게 널리 이로움을 줄 수 있게 됩니다.

참선하는 이들은 자기 공부가 우선적으로 소중하다고 하여 포교를 중요하지 않게 여깁니다. 하지만 이것은 짧은 생각입니다. 부처님의 가르침, 그 귀한 법을 자기가 아는 만큼 남에게 일러주어 일체중생이 더불어 성불하고자 하는 것이 포교인데, 이것은 수행을 하는 근본 목적이 됩니다. 또한 '상구보리 하화중생'을 원력으로 하는 대승보살들이 걸어야 할 보살도(菩薩道)이기도 합니다.

자신의 본래면목을 잃고 번뇌 망상에 팔려서 그것을 자기 마음으로 삼고 사는 중생들을 안타깝게 여기신 부처님께서는 49년 동안이나 맨발로 다니시면서 따뜻한 마음으로 일체중생을 제도 하셨습니다. 우리에게 당신과 같이 포교하라는 모범을 보이신 것입니다.

부처님은 거리에서 태어나셔서 거리에서 도를 닦으셨으며 거리에서 전법하시고 거리의 사라수(紗羅樹) 아래에서 열반에 드셨습니다. 부처님이 보여주신 삶을 본보기로 삼아 모두 자기 자리에서 열심히 살아야 합니다. 세간에서는 일을 열심히 하고 산중(山中)에서는 용맹정진해서 도를 잘 닦아야 합니다. 화두 학자는 부지런히 화두를 거각해야 합니다. 자기가 할 도리를 충실히 다하면 포교를 따로 할 필요가 없습니다. 포교 따로 수행 따로 있는 것이 아닙니다.

# 수행과 교육

부처님의 가르침은 밝은 이치 그대로입니다. 밝은 이치를 있는 그대로 가르치지 못하면 벽에 부닥칠 수밖에 없습니다. 그래서 기독교식으로는 한계가 있습니다. 어려서부터 부처님의 밝은 법에 따라 교육을 시켜야 합니다.

아이들에게는 '관찰 교육'을 먼저 시켜야 합니다. 식물도 관찰하고, 곤충도 관찰하고, 토끼도 관찰하고, 오리도 관찰하게 해야 합니다. 그렇게 관찰력을 기르면 거기에서 자연스럽게 이치를 터득할 수 있게 됩니다.

부산 보광사 부설 유치원 원아들이 토끼를 무척 예뻐했습니다. 아이들이 교실 안에서 토끼와 같이 살고 싶다고 하자 선생님이 좋다고 승낙을 했습니다. 그런데 토끼를 교실에 가져다놓으니 처음에는 마냥 좋기만 하던 것이 시간이 지날수록 문제가 생겨나기 시작했습니다.

토끼가 오줌을 싸고 똥을 누면서 교실 안에 자꾸 나쁜

냄새가 퍼졌던 것입니다. 그러자 아이들은 저희들끼리 열심히 회의를 해서 토끼장에 도로 갖다 넣기로 결론을 내렸습니다. 토끼와 함께 살면서 관찰을 하고 상황을 살펴서 토끼는 왜 토끼장에서 살아야 하는지 그 이유를 깨닫게 된 것입니다. 아이들은 이 과정에서 다른 사람을 불편하게 하고 멋대로 굴면 함께 살 수 없다는 것을 저절로 배우게 되었습니다.

또 아이들은 곤충을 잡아다가 가두어두었는데, 곤충이 답답한 우리 속에서 헤매고 갑갑해하는 모습을 보고는 그 마음을 이해하고 도로 놓아주자고 자기들끼리 결정을 내렸습니다. 관찰을 통해서 남의 입장을 이해하게 된 것입니다.

상대방을 이해하고 배려하는 법을 배운 이 아이들은 '식물도 우리처럼 목말라 한다'는 생각을 하고는 일부러 아침 일찍 나와서 화분에 물을 길어다줍니다. 또 고구마도 심어 하나하나 싹을 틔워보고는 생명이 자꾸 윤회한다는 것을 매우 쉽게 이해했습니다. 이렇게 무엇이든 빨리 받아들이고 이해를 잘해서 어른보다 이치를 수월하게 깨닫곤 합니다.

이렇게 하나씩 터득해 들어가면 그 안에서 바로 진리가 나옵니다. 진리란 밝은 이치를 말하는 것입니다. 어려서부터 그렇게 진리에 입각한 바른 교육을 시켜놓으면 아이들의 들뜬 기운이 쉽게 잠을 자게 됩니다. 그러면 들뜬 기운이 잠잔 것만큼 머리가 좋아져 기억력도 향상되고 관찰력도 빨라지고, 차분해지고 어른스러워집니다.

어려서부터 차분해지는 교육을 시키면 그것이 인성교육이 될 뿐 아니라 기억력이나 관찰력 등을 향상시키고 자신의 능력을 개발하는 뛰어난 교육법이 됩니다. 교육 그대로가 수행이 되는 셈입니다. 이런 교육법은 남방불교의 위빠사나 수행법과도 같은 것입니다. 그것을 현대식으로 조금 바꾸는 것뿐입니다.

# 전통예법과 수행

우리나라의 전통예법을 잘 지키면 수행을 하는데 큰 힘이 됩니다. 전통예법이 업식에 따라 멋대로 행동하는 것을 제어해주기 때문입니다.

우리나라의 전통예법은 매우 수승해서 공자님도 해동에 태어나 백의민족과 함께 살고 싶다는 말씀을 하셨습니다. 공자님의 유교법과 예의범절이 우리나라에 건너오기 이전부터 우리 민족은 이미 그것을 아주 잘 지켜 살고 있었습니다. 그렇기 때문에 공자님의 교법이 우리나라 전역에 쉽사리 퍼질 수 있었던 것입니다. 공자님의 가르침은 이미 실천하고 있는 기존의 예법에 체계를 세우는 역할을 했을 뿐입니다.

그런데 요즘은 전통예법이 완전히 땅에 떨어져 있습니다. 세간에서만 그런 것이 아니라 산중의 절집에서도 요즘은 예법을 모릅니다. 스님들이 수행을 하다가 열반하시면

존칭을 붙여 '각령(覺靈)'이라고 합니다. 하지만 부처님 앞에서 축원을 할 때에는 설사 견성을 해서 인가까지 받은 큰스님일지라도 그냥 '영가(靈駕)'라고 해야 합니다. 그런데 요즘은 가장 큰 어른격인 부처님 앞에서도 존칭어인 '각령'이라는 단어를 씁니다.

절집에서든 세간에서든 잘못된 예법을 바로잡고 새롭게 배워야 합니다. 예의는 수행의 기본이고 도(道)에 들어오는 첫걸음입니다. 또한 계(戒)의 첫걸음입니다. 전통예법에는 도에 들어오는 근본이 다 들어 있습니다.

깊은 산중에 해 넘어갈 무렵, 절에서는 대종을 칩니다. 꽝꽝 울리는 그 종소리를 들으면 그렇게 산만했던 번뇌가 일시에 잠잠해지며 마음이 한없이 포근해집니다. 펄펄 끓는 가마솥에 찬물 한 바가지를 부은 것과 같아서 번뇌가 일순간에 쉽니다. 우리나라의 전통예법은 중생들에게 이런 역할을 해줍니다.

# 망상의 뿌리를 캐내는 법(法)

서산대사께서 불교 · 도교 · 유교에 대해 평해놓으신 『삼가해(三家解)』를 보면 부처님의 법은 마치 뿌리를 캐내는 것과 같아서 근본에 바로 계합하는 가르침이라고 되어 있습니다.

이에 비해 공자의 가르침은 싹이 트는 분상이고 노자의 가르침은 싹을 키워서 번성하는 분상이라고 되어 있습니다. 이것은 도가(道家)와 유가(儒家)의 가르침이 번뇌 망상에 의지하며 거기에 끄달리고 있다는 것을 드러낸 말씀입니다. 생각에 의지하는 욕계 · 색계 · 무색계의 삼계안에서 맴도는 가르침이라는 뜻입니다.

부처님의 가르침은 그 뿌리를 완전히 캐어버리는 것입니다. 추번뇌 · 세번뇌로 작용해서 세계를 건립하는 망상의 뿌리를 뽑고 본래가 비어 있는 도리, 참다운 진리, 참 나를 확연히 드러낸 가르침입니다.

지구상에는 부처님의 법을 제외하고는 생각을 벗어나는 종교가 하나도 없습니다. 오직 부처님과 조사 스님들의 말씀만이 생각을 초월한 가르침입니다.

# 성인(聖人)

지구상에는 무수히 많은 종교가 있어서 각 종교의 교주나 탁월한 모범을 보인 분들에게 성인(聖人)이라는 단어를 붙여 존경을 표시합니다.

하지만 불교의 관점에서 본다면 비록 탁월한 모범을 보인 사람이라 할지라도 번뇌 망식에 의지한 선행(善行)을 한 것일 뿐, 참으로 성스러운 경지에 들었다고는 볼 수 없습니다. 다른 종교의 성인들은 본마음을 깨달아 진짜 성인이 아니라는 뜻입니다.

『선가귀감』을 보면 '삼교(三教)의 성인(聖人)'이라는 대목이 나오는데, 석가모니 부처님과 노자, 공자를 일컫는 말입니다. 그러나 부처님을 제외하고는 노자님, 공자님이라고 해도 성인(聖人)은 아닙니다. 참으로 실력이 있어서 '성(聖)'자를 붙이는 것이 아니라 대우해드리는 의미에서 그렇게 불러드리는 것뿐입니다. 불가(佛家)에서 신장님을 화엄성중(華嚴聖衆)이라고 존칭어를 붙이고 예우하는 것과 같습니다.

세계 3성(聖)에 포함되는 분들이 이러할진대, 다른 종교의 교주들은 어떻겠습니까? 각자 자기 종교의 교주들이 위대하다고 하늘처럼 떠받들지만 불법 문중에 들어와서는 절대로 '성(聖)' 자를 붙일 수가 없습니다. 교주라고 해도 다른 중생들과 마찬가지로 '자기 마음이 몸뚱이 속에 들어앉았다'는 착각을 여의지 못하고 관념에 의지해 살아가고 있기 때문입니다. 다만 업식의 맑고 탁한 정도에 있어서 조금씩 차이가 있을 뿐입니다.

# 풍수지리

풍수지리는 상당한 근거가 있는 학문입니다. 사람들은 모두 환경의 지배를 받습니다. 그래서 절을 터가 좋은 곳에 짓되, 그것도 될 수 있으면 남향이나 동향으로 짓는 것입니다. 특수 상황을 고려한 경우를 제외하고는 서향과 북향으로 절을 짓지 않습니다.

깨달음을 얻은 대인(大人)들은 자유자재하기 때문에 터의 영향을 받지 않습니다. 하지만 중생들은 이런 환경 작용에 크게 좌우 됩니다.

중생들의 심리와 터의 작용력을 전문적으로 연구한 사람들은 터에 따라 그 지역 사람들이 어떤 범죄를 저지를 것인가 하는 것을 미리 예측할 수 있습니다. 괴봉(怪峰)을 보면서 자라나는 아이들은 커서 도둑질할 마음을 냅니다. 여자들이 바람나는 터도 있습니다. 별의별 터가 다 있습니다.

사람들은 주변 환경의 중요성을 이해하고 있지만, 지세 (地勢)나 산세(山勢) 등의 환경에 이렇게까지 큰 영향을 받는다는 것은 잘 알지 못합니다.

# 우주의 나이

　중생들이 본마음을 등지고 수천만 겁을 돌아다니면서 지은 업의 기록장부가 바로 육신(肉身)입니다.

　과학자들은 우주가 150억 년 전에 생겼다고 주장하는데, 이 인과의 장부만 깊이 뚫고 들어가도 수천만 겁에 이르는 세월의 흐름이 다 나오기 때문에 우주가 생긴 것이 150억 년이라는 얘기는 하지 않을 것입니다.

　바위 같은 것을 잘 분석하면 지구의·나이를 알 수 있습니다. 과학도 그런 것은 엇비슷하게 맞힐 만큼은 성장했습니다. 그런데 우주의 나이까지 계산한다면서 우주가 생긴 지 150억 년이 되었다고 합니다. 하지만 이것은 틀린 얘기입니다. 지구의 나이는 그 정도 된 것이 맞습니다. 하지만 우주의 나이는 아닙니다. 앞으로 과학이 한참 더 발달해야 과학자들은 자신들의 주장이 틀렸다는 것을 깨닫게 될 것입니다.

이 광대한 우주는 한꺼번에 생긴 것이 아닙니다. 온 우주는 지금도 죽처럼 부글부글 끓고 있어서 생겨나는 별도 있고, 머무르는 별도 있고, 파괴되어가는 별도 있고, 없어진 별도 있습니다. 이것을 '성주괴공(成住壞空)', '생주이멸(生住異滅)'이라고 합니다. 사람이 생로병사(生老病死)의 과정을 겪듯 온 우주 역시 마찬가지입니다.

항상 무상(無常)하게 돌아가고 있기 때문에 시시각각, 초초(秒秒)로 변화합니다. 지구의 어느 곳에선가는 지금 현재 태어나는 사람도 있고 죽어가는 사람도 있습니다. 별들이 무한하게 많은 우주는 이것보다 더 변화가 심합니다. 그래서 지금 막 생겨나는 별이 있고, 이미 사라진 별도 있으며 사라져가고 있는 별도 있습니다. 그래서 별들마다 태어난 나이가 각각 다릅니다.

지구는 지금 성(成)의 단계에 있습니다. 아직도 형성 중에 있는 별이라는 뜻입니다. 과학자들은 지구와 비슷한 시기에 생겨난 별을 조사해 우주 전체의 나이가 150억 년이 되었다고 주장하는데, 현대 과학 장비로는 도달하지 못하는 먼 거리에 있는 별들은 지구보다 먼저 생겨난 것들이 무수히 많습니다.

우주는 도저히 헤아릴 수 없을 정도로 오랜 겁 동안 팥죽 끓듯 부글부글하면서 생주이멸을 반복해왔습니다. 그런 우주의 나이가 과연 150억 년밖에 안 되었겠습니까?

# 제12장

# 남산정일 선사 행장(行狀)

극빈자는 이슬 맺힌 갈대숲이 좋다
홀연 한 가닥 시광이 온 대지를 투과하니
만년 전사 부처님 열반이 드러났네

안개비가 내리는구나, 안개비가 내리는구나
마지막 이별을 고하는 슬픔과 같이
전인 미답지가 궁금하느냐?
잔물결 이는 개울로 가서 세수나 하거라

스님께서는 1932년 임신(壬申)년 음력 2월 27일 서울 은평구 불광동 365번지에서 출생하셨다.

부친은 제주 고(高)씨, 정록이셨고, 모친은 하동 정(鄭)씨, 간난이셨는데, 스님께서는 두 분 슬하에 2남 1녀 중 차남으로 출생하셨다. 스님의 속명은 이득(二得)이시다.

여덟 살 되시던 해, 어느 날 도살장에서 죽을 차례를 기다리고 있던 소의 눈망울을 보고 죽음으로부터 벗어나야겠다는 생각을 하시게 되었다. 그 후 성장하여 중·고등학교를 졸업하시고 한동안 형편이 어렵던 집안일을 돌보며 지내셨다. 이때에도 어렸을 때 도살장에서 본 풍경을 잊지 않고 기억하시며 죽음을 초월할 방법을 계속 찾으셨다.

그러던 중 어느 날 고서점에서 한 권의 불서(佛書)를 발견하시게 되었다. 그것이 바로 스님께서 이후 수십 년 동안 후학들에게 수행의 거울삼아 읽을 것을 누차 강조하셨던 선서(禪書)『선가귀감』이었다.

스님께서는 당시에 그 뜻을 잘 모르면서도『선가귀감』
을 수십 번이나 되풀이해 읽으셨다. 그런 인연으로 불교
관련 책들을 찾아 읽으시며 생사초월의 뜻을 지속적으로
품고 계셨는데, 마침 조계사 신도 회장이었던 어느 친척
분의 권유가 있어 조계사로 출가하시게 되었다.

당시 조계사의 원주 소임을 보시던 범행(梵行) 스님은
자신의 은사 스님이 되시며, 당시 총무원장이셨던 태전
(太田) 금오(金烏) 선사에게 스님을 안내해주셨다. 이에
스님께서는 1958년 금오 선사를 계사로 하여 사미계를
수계하셨다. 법명은 정일(正日) 이시고 당호는 남산(南山)
이시다.

스님께서는 은사 스님이 주지로 계시던 전남 구례 화엄
사로 거처를 옮기셨다. 그곳에서 1년가량 머무시다가 시
중에서 쓸 양곡을 마련하기 위해 화엄에서 진주까지 걸어
서 탁발 행각을 떠나셨는데, 이 기간에도 화두 일념하시다
가 동네 골목길을 잘못 들어가신 적이 무수히 많았다. 스
님께서는 3개월 동안의 탁발을 마치고 화엄사로 돌아와
3 · 7일 기도를 성만하셨다.

이후 스님께서는 망월사 주지이셨던 춘성 스님을 찾아가셨는데, 도량의 형세가 마음에 들어 천일(千日)간의 원력을 세우고 기도를 시작하셨다.

당시 법당은 인법당 구조로 1층 건물이었고, 선방이 달리 없어서 법당에서 참선을 함께 하고 있었다. 그런 형편 때문에 수좌스님들은 없고 재가 처사님과 보살님들만이 정진 중이었다. 스님께서는 참선과 기도를 병행하기로 하시고 수행 정진하셨다.

기도를 시작한 후 오백 일까지는 졸음을 쫓기 위해 매일 새벽 2시에 일어나 냉수욕(冷水浴)을 하셨다. 그렇게 오백 일이 지나자 냉기가 뼛속 깊이 사무쳐 들어와 소화가 안 되는 등 냉병이 생겼다. 그래서 여름에도 따뜻한 화로에 기와를 구워서 배에 한참 동안 대고 있어야 소화가 될 정도였다. 그 후 지나친 고행을 하거나 몸을 혹사시키는 것이 오히려 수행에 장애가 된다는 것을 느끼시고 나머지 오백 일 동안은 냉수욕을 삼가셨다.

그 무렵 속가의 부친께서 중풍으로 와병 중이셨는데, 당시 매우 치열한 각오를 가지고 기도 정진 중이셨던 스님께서는 부모님이 돌아가셔도 출문(出門) 하지 않겠다고 결심하고 일념으로 기도에 매진하셨다.

하지만 이때 꿈에 부모님의 좋지 않은 모습이 보이는 등 여러 가지 마장이 일어났다. 마장이 매우 드세어 스님께서는 괴로움을 크게 느끼셨고, 이를 다스리기 위해서는 화두를 드는 것이 최선이라는 생각밖에는 나지 않아서 염불 기도시간이 끝나면 곧바로 참선을 시작하여 화두에 매진하셨다.

기도 중에 일어나는 끊임없는 마장에도 불구하고 스님께서는 기도와 염불을 매우 극진하게 잘하셨는데, 이 모습을 보고 당시 원주 스님이 좋지 못한 마음을 품었다. 그 스님은 춘성 스님께 가서, 법당에서 참선을 하는데 염불소리가 시끄럽다는 등 여러 가지 모함을 하여 스님을 절 밖으로 내쫓으려고 하였다. 이에 스님께서는 회향을 하지 않고는 제 발로 걸어 나가지는 않겠다고 춘성 스님께 간절히 고하셨다. 춘성 스님께서는 그 마음을 아시고 묵묵히 고개를 끄덕이시며 스님의 말씀을 받아들여 기도를 계속할 수 있게 도와주셨다.

다행히 천일기도는 이어갈 수 있게 되었지만 마장 경계가 다 사라진 것은 아니어서 어려움은 계속 되었다. 스님께서는 소리가 나지 않도록 목탁 채에 솜을 두르고 목탁을 치셔야만 했다.

이때 염불 기도시간에는 오로지 염불만 하시고, 염불이 끝난 후에는 바로 참선을 하여 화두를 드셨는데, 화두를 들지 않으면 여러 가지 마장 때문에 견디기 어려웠기 때문이었다. 염불과 화두를 동시에 병행하지는 않으셨다. 두 가지를 동시에 수행하면 체력적인 소진이 너무 컸기 때문에 스님께서 취하셨던 나름대로의 수행 방법이었다.

그렇게 천일기도가 마무리되어갈 무렵, 춘성 스님께서는 스님의 원만한 회향을 돕기 위해 회향 직전에 몸소 21일간 용맹정진을 하셨다. 스님께서는 그 곁에서 7일간 철야기도를 하시면서 마침내 그 어려운 천일기도를 회향하셨다.

천일기도를 회향하신 후 무주구천동 토굴로 은사이신 금오 선사를 찾아뵙고 인사를 드리고, 그 후 재차 은사 스님을 찾아 청계산 청계사로 가셨다. 그곳에서 금오 선사께서는 스님에게 원주소임을 맡기셨다.

스님께서는 소임을 보시던 중, 동산(東山) 스님이 조실로 계셨던 부산 범어사에서 정진을 하고 싶은 마음이 간절하여 청계사에서 겨울 동안 쓸 땔감 3개월 치 분량을 마련해두시고는 동안거 결제 때에 맞추어 어느 날 새벽 홀로 길을 떠나셨다.

범어사에서 스님께서는 본격적인 참선 수행을 시작하셨다. 시심마(是甚麼, 이뭐꼬) 화두를 참구하셨는데, 동안거 결제 기간 중 어느 날 화두와 별개로 '새벽종송'에 나오는 장엄염불 중 '육문상방자금광(六門常放紫金光)'이라는 대목의 뜻이 확연하게 드러났다.

또한 그날 낮에 중단 불공을 올리는데 『화엄경』 '약찬게'에 나오는 '육육육사급여삼(六六六四及與三)'의 뜻도 확연히 이해가 갔다. 이때부터 화두가 풀려서 의심도 없어지고 들리지 않기 시작했다.

스님께서는 경계가 바뀐 것으로 이해하시고 그것을 올바른 견처(見處)인지를 점검받기 위해 해제를 하면 당시 선지식으로 이름 높았던 전강(田岡) 선사를 찾아뵙겠다고 결심하셨다. 마침내 해제가 되어 인천 주안의 용화사로 전강 선사를 찾아뵈었다. 선사께서는 스님이 묻지도 않았는데 얼굴을 한 번 보시더니 상황을 다 아신 듯 스님에게 "경계를 일러보게"라고 말씀하셨다.

스님께서 경계를 이르시니 일원상(一圓相)을 그리시고는 '입야타 불야타(入也打不也打)' 공안을 물으셨다. 이에 스님께서 걸망을 지고 원 안으로 들어가시는 시늉을 하자 전강 선사께서는 주장자로 어깨를 한 번 치셨다. 이에 스님께서 "무엇을 치셨습니까?"라고 하시니 전강 선사께서 재차 주장자를 치셨다. 이에 스님께서는 "수고하셨습니다"라고 답하니 전강 선사께서 다시 치셨다.

이렇게 여러 번 오고간 후 전강 선사께서는 방법을 바꾸시어 "의리(義理)로 일러보소"라고 하셨다. 이에 스님께서는 '의리'라는 단어의 뜻을 몰라 꽉 막혀 잠자코 있었더니 다시 공부를 지으라고 하셨다. 전강 선사의 질문으로 인하여 그동안 들리지 않았던 화두가 다시 들리기 시작하였다. 이 일을 계기로 바른 선지식의 점검이 얼마나 중요한 것인지 사무치게 깨달으셨다.

이후 스님께서는 전강 선사 곁을 떠나지 않기로 결심을 하셨는데, 마침 전강 선사께서 범어사 조실로 부임하시게 되었다. 이에 스님께서도 자연히 범어사에 계속 머무시게 되었다. 그리하여 1963년 동산 스님을 계사로 구족계를 수지한 것을 포함하여 범어사에서 3년, 인천 용화사에서

3년, 수원 용주사에서 3년 등 전강 선사 문하에서만 약 10년간을 참선 수행 정진하셨다.

그러다가 스님께서는 당시 도광(度光) 스님이 주지로 계셨던 화엄사 내 구층암으로 수행처를 옮겨 정진하셨다. 또한 해인사 선원장을 거쳐 통도사 극락암 등 제방선원에서 안거를 성만하셨다.

공부 도중 홀연히 마음의 눈이 열려 현실 경계 그대로가 실상이고 열반인 도리에 계합(契合)하시고 다음과 같은 게송을 읊으셨다.


극빈자는 이슬 맺힌 갈대숲이 좋다
홀연 한 가닥 시광이 온 대지를 투과하니
만년 전사 부처님 열반이 드러났네


極貧者喜歡帶露的蘆葦叢
渾然間一縷始光透過整個大地
萬年前事佛己涅槃

안개비가 내리는구나, 안개비가 내리는구나
마지막 이별을 고하는 슬픔과 같이
전인 미답지가 궁금하느냐?
잔물결 이는 개울로 가서 세수나 하거라


霧雨下着霧雨下着
最後如告別時的傷痛
對前人未踏之他掛念呼
到靜靜地泛着水波的小溪去洗一把臉吧


　　그리하여 전강 선사를 친견하고자 하셨으나 때는 이미
늦어 전강 선사와의 인연이 다했는지 선사께서는 입적하
신 뒤였다.

　　그 후 스님께서는 속가 어머님을 모시고 안성의 천석산
토굴에서 정진하셨고, 1970년 전라남도 해남 강진의 백
련사에서 주지 소임을 약 4년간 보시면서도 속가 어머님
을 모시고 정진을 계속하셨다. 모친이 별세하신 후 문득
'밝은 진리를 전하기 위해 홀로 길을 떠나라' 라는 부처님

의 말씀이 떠올랐다. 또한 불은(佛恩)에 보답하고 싶은 마음도 간절했다. 이에 따라 스님께서는 포교의 원력을 강하게 세우시게 되었다. 때마침 도심 포교를 해보라는 주위의 권유 등이 있어 자연스럽게 서울에서 포교하는 인연이 닿게 되었다.

스님께서는 서울로 거처를 옮기신 후 속가의 인연이 있던 도봉구를 중심으로 수행·포교 터를 물색하셨다. 백여 군데의 터를 둘러보셨으나 마땅한 곳이 없던 중 우연히 지나가던 어느 거사의 말을 듣고 마침내 현재의 보광사 터를 발견하시게 되었다. 스님의 원력을 실천하기 위한 수행과 포교의 도량 터는 이렇게 하여 마련되었다.

1979년, 스님께서는 북한산 자락의 그 터에 도량을 건립하기로 원력을 세우시며 사찰명을 보광사(普光寺)로 명명하시는 한편, 1987년 관음전 불사를 필두로 하여 요사채를 세우셨고, 1990년 보광선원, 1993년 대웅전을 조성하셨으며, 2003년에는 회관 불사를 이루어내셨다.

이후 스님께서는 보광사를 중심으로 도심 포교에 전념하시는 한편, 보광선원을 개설하여 조실로 주석하셨다. 또한 불교의 정맥을 이어오는 데 큰 역할을 한 대한불교 조계종의 모체(母體) 선학원 원장(1983~1985)을 역임하셨고, 1992년부터 2004년까지 선학원 이사장으로 재임하시면서 부처님 정법(正法)을 수호하셨다. 이사장으로 재임하시는 동안 대한불교 조계종 종단과, 종단의 모체(母體)인 선학원과의 갈등이 격화되어 분파될 뻔 하였으나, 사욕을 떠난 스님의 혼신을 다한 덕화와 화합의 노력 덕분에 문제가 원만하게 해결되었다.

지리산 정각사 죽림선원 조실(1991~2004)과 속리산 법주사 주지(1992~1994)를 역임하셨으며, 지방에도 포교의 거점을 마련하시고자 충남 금산 서대산에 선문사를 건립하셨다. 부산 김해에도 보광사를 건립하셨는데, 여기에서는 보광선원과 보광유치원이 함께 운영되고 있다.

또한 1999년, 충북 청주에 충북불교문화회관을 건립하셨다. 그 직후에 중부권 지역의 불교 발전을 위하여 회관 일부를 청주 불교 방송국에 영구적으로 무상 임대하심으로써 충북 불교 포교에 핵심적인 요람으로 성장하도록 크게 뒷받침하셨다.

스님께서는 부처님의 정법과 참선법을 수호하시며 수좌들을 바르게 이끌기 위해 노력하셨다. 부처님과 조사 스님들의 혜명(慧命)을 이어 바른 선(禪)을 펴기 위해 애쓰셨으며, 스스로 수행과 일상 삶에서 모범을 보이시며 평상심의 법을 대중에게 펴 보이셨다.

스님께서는 또한 대중 교화의 방편으로 소승에서 대승, 대승에서 최상승선으로 이끄는 차제적(次梯的)인 교화법을 택하셨다. 그리하여 스님께서는 광명진언과 『지장경』에서부터 시작하여 『관세음보살보문품경』『금강경』『선가귀감』『원각경』『법화경』으로 심화된 후 『선가귀감』으로 마무리하게 되어 있는 수행법을 널리 펴셨다.

스님께서 이 수행법을 펴기 시작하신 이래 무수히 많은 대중들이 이 수행법을 받아 실천하였다. 그리고 대중들은 이 수행법의 공부 과정 중에 포함되어 있는 천도재를 올림으로써 수행 공덕을 법계에 회향하였다. 이러한 공부 과정을 모두 마친 대중들은 인과의 도리와 불법의 밝은 이치를 바르게 이해하게 되었고, 그를 바탕으로 올바른 가치관과 참다운 행복을 찾았다. 또한 대중 모두가 스님의 올바른 가르침을 일상생활 속에서 실천함으로써 밝은 진리의 세계에 더욱 가깝게 다가서게 되었다.

스님께서는 대중 속에서 더불어 함께 하시면서 염불, 간경, 참선 등 원효대사께서 보이셨던 통불교적(通佛敎的)인 수행 방법을 통하여 인간뿐 아니라 법계의 모든 중생들을 제도하는 보살도를 행함으로써 일체중생에게 이익이 되는 보살의 삶을 살도록 대중들을 이끄셨다. 대승불교의 꽃이라 할 수 있는 육바라밀법을 수행의 근간으로 삼도록 하셨으며, 설법을 하실 때마다 이를 특히 강조하는 것을 잊지 않으셨다.

대승불교의 정수라고 할 수 있는 『화엄경』 '보현행원품'에 나오는 보현보살님의 서원에 따라 일체중생의 근기에 수순해줄 것을 강조하셨던 스님께서는, 무한히 따뜻한 자비로움을 일체중생들을 포용하시며 진리의 밝은 세계로 인도하셨다.

최상승선을 수행하는 수좌들과 학인들에게는 서릿발 같은 엄격함으로 질책하심으로써 후학들을 올바르게 지도하셨다.

무량한 복덕과 지혜를 고루 갖추시고 바르고 곧으며 따뜻한 성품을 지니신 남산 정일 선사께서는 오랜 세월 동안 북한산 자락의 청정도량 보광사에서 일체중생들과 더불어 동고동락(同苦同樂) 하시었다.

그러던 중 어느 날 시자를 불러 이르셨다.


"이제 갈 곳 없는 곳을 가야만 한다."
"어디로 가신단 말씀입니까?"
"창문을 열고 자세히 살펴보거라."


不能去的也要去
您到底要去何方
打開窗戶着一着


이렇게 말씀하시고 편안히 열반에 드셨다.

# 발문(跋文)

온 우주에 두루한 보광(普光)처럼 밝고 큰 깨달음으로
일체중생을 진리와 참 나의 세계로
올바르게 이끌어 들이셨던 선지식(善知識),
법에 있어서는 날카로운 진검(眞劍) 같이 매서웠으나
일체중생에게는 무한히 자비롭고 따사로우셨던
정일 큰스님의 독특한 선풍(禪風)이
활구로 살아 숨 쉬는 법훈집.

대승불교의 꽃인 육바라밀법을 통한
일상생활의 수행, 평상심의 도(道),
일체중생을 근기 따라 제도하는
보살행의 실천을 강조하셨던 정일 큰스님은
스스로 삶의 모범을 보이심으로써
부처님의 가르침을 실천하시고

대중들에게 묵언 설법을 하셨습니다.


정일 큰스님의 법어(法語)를 간추려 묶은 이 책에는
평생 올곧게 살다간 한 선사(禪師)의 삶이
우리들에게 던지는 화두가 있습니다.


선(禪)이란 모든 번뇌가 쉬어 일체의 미세망념도
일어나지 않는 것을 일컫는 말입니다.
최상승선은 일체 관념이 붙지 않는
절대적인 그 자리를 이르는 것이기 때문에
격외선, 또는 교외별전이라고 합니다.
달리 표현하면 선이란
생사가 없는 경지를 터득한 용用을 말합니다.
상대성에 떨어진 것이 아니라
절대성인 그 자리에서 나오는 용심用心이
바로 선입니다.